今日から
モノ知り
シリーズ

トコトンやさしい

原価管理の本

原価管理とは文字どおり原価を管理することです。モノづくりの場合、1個当たり作るのにかかったコスト（費用）を原価といいます。その原価を正確に把握できれば利益もわかります。原価管理とは利益を上げながら原価を下げる活動のことで、企業がライバルと競争しながら利益を上げるためには欠かせないものです。

大塚泰雄

B&Tブックス
日刊工業新聞社

はじめに

「原価管理」という言葉を聞いただけで、むずかしいと感じる方もいると思います。本書は、そんな誤解を少しでも解くことができればという願いから、製造業で原価管理、コストダウン、利益アップなどに日々努力されている方を対象に執筆しました。

工場の現場で、

・「現場でコストダウン活動をやっているがなかなか成果に結びつかない」
・「改善の成果を決算書に結びつけるにはどうしたらいいか」
・「いつも場当たりのテーマばかりで、コストダウンテーマに困っている」
・「もっともっとコストダウンについて学んでみたい」
・「費用対効果を考えて効率的コストダウンはどう進めればよいか」
・「改善活動は大事なのはわかっているけど、形だけで終わっている感じがする」
・…………

などをよく耳にします。

「原価管理」とはまさしく原価を管理するということです。管理とは辞書には「ある規準などから外れないよう、全体を統制すること」となっています。この中で大切なのは規準という解釈です。

たとえば、ある組立工場を想像してみてください。この工場では多品種少量生産で、50名の作業者でさまざまな製品の組立をしています。図1のグラフは縦軸に組立時間、横軸に組み立てる部品点数をとっています。製品は部品点数の少ないものから多いものまで、人も新人から30年のベテランまで、器用な人から不器用な人までさまざまです。グラフはすべての製品、すべての作業者の部品点数と組立時間をイメージしてプロットしたものです。ここで、「この工場の組立時間と部品点数の関係を表わす規準の線を引いてみてください」と言われたら、みなさんはどのような線を引かれるでしょうか?

　多くの方がA線を引かれるのではないでしょうか。この線は工場の平均値であり実力値になります。A線で規準の意味どおり〝規準からはずれないよう、全体を統制する〟を実施していくことはけっして悪いことではありません。しかし、A線を規準にして統制(管理)を続けていては、工場は今より悪くなることはないでしょうが、よくなることもありません。

　それでは、規準をどこへおいて統制(管理)をすることが必要でしょうか。「原価管理」の目的は、工場運営においてムダなお金をかけず、着実に日々の業務をこなし会社が潤っていくことです。そのためには、まずは組立作業がどうあるべきかの規準を考えることが先決です。B線は最短時間で組み立てた実績値のプロットを結んだものです。この線は、工場の持っている最高の実力値、つまりエースの作業者が行った組立時間になります。まずはこれを規準として統制(管理)することが必要です。あるべき姿という言葉をよく聞きますが、これが現状の実力値を反映した具体的なあるべき姿の一つになります。

　さまざまなレベルの実績値の中で、少し不器用な田中さん

図1

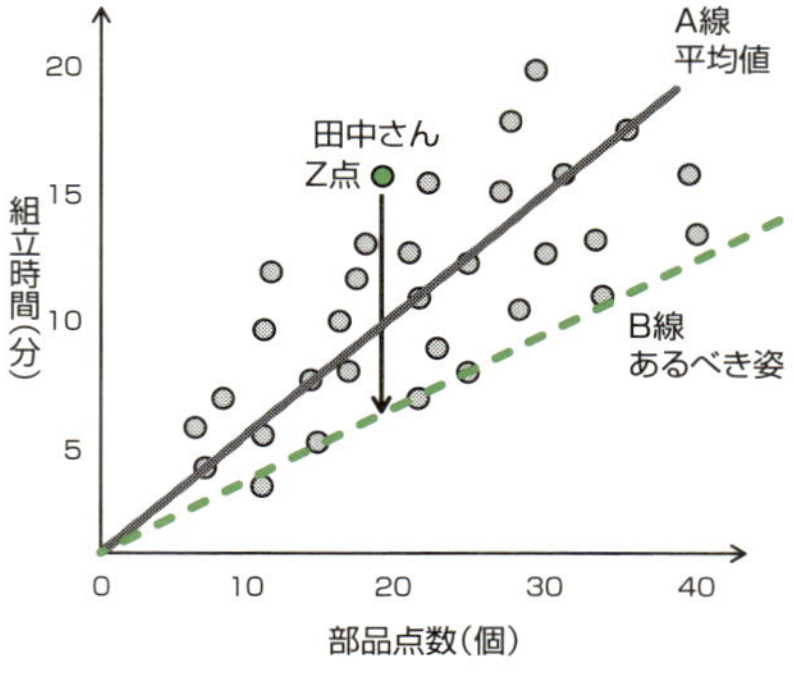

図2

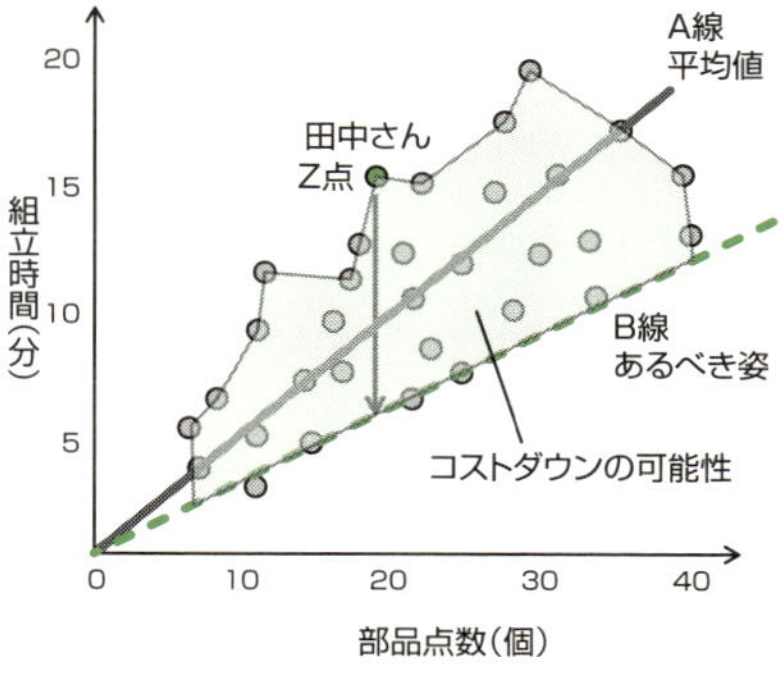

の実力がZ点だったとしましょう。みなさんがこの職場の管理者であれば、この田中さんを指導してB線上へいくように管理をしなければなりません。とは言え、田中さんには失礼かもしれませんが、指導をしてもすぐにはB線上に一致することは難しいでしょう。しかし大切なことは、田中さんに限らず、エース以外の作業者のコストダウンの可能性がこれだけ（図2ハッチング部分）あることを、管理者が知っているか、知らずにいるかということです。知っていれば、B線に向かって一人ひとりに合った管理・指導をするアクションが生まれますが、知らなければそのままで現場は何も変わりません。原価管理の第一歩はそのロスやムダを明確にすることから始めます。

いずれにしても、原価管理を進めるには、原価とは何かをしっかり理解しなければなりません。第1章では会社の中で原価がどのように生まれて使われていき、最後に儲け（利益）に結び付いていくしくみと原価の本質について説明しています。まずは、第1章で原価の全体像をつかんでください。一口に原価と言ってもいくつかの分類があり、それにはそれぞれの目的があります。第2章では原価の中身について掘り下げて詳しく説明をしています。また、製品の原価について、材料費と加工費の計算方法を詳細に述べていますので、原価計算のしくみを理解してください。以上が原価管理を行う上で、知っておいていただきたい原価の基礎知識です。

第3章以降はこれらの原価の知識をベースに、原価管理の実践へと移っていきます。実際の現場での作業も段取りが大切なように、原価管理も段取りが大切で事前準備が欠かせません。それは、原価管理（コストダウン）のアクションについて、「誰が」「何を」「どれくらい」やるかを明確にすることです。組立作業の例で言えば、「誰が」は田中さんを指導する管理者が、「何を」は田中さんの組立手順が間違っていれば手順、作業ペースであればペース、作業の見直しであれば作業改善、「どれくらい」はあるべき姿のB線とどれくらい離れているので何分のロスをなくさなければならないか……という内容です。これらを事前にしっかり分析しておくことが大切です。第3章では「誰が」で、ロスの内容に対しどの管理者がアクションをするか、責任の明確化と役割分担について書いてあります。原価管理はものがやるのではなく人がやるものだからです。

工場のロスには〝目に見えるロス〟と〝目に見えないロス〟があります。第4章では「何を」（どうすれば）で、この両者のロスを明確にする重要性について説明しています。〝目に見えるロス〟は誰もが気づくロスのためすでにつぶされていて、コストダウンの可能性は金額的にあまり多くありません。一方、〝目に見えないロス〟は手がつけられていないため、コストダウンの可能性は大きく、これをつぶしてくことが大きな成果に結びついていきます。したがって、目に見えないロスを中心に成果の大きいと予想される項目から管理者別に割り当てることが重要になります。

第5章では「どれくらい」で、ロスを定量的に見える化することを説明しています。ロスがどれくらいあるかを求めるには、現状とあるべき姿のギャップを知る必要があります。そこで技術部門と製造・管理部門のそれぞれの「技術の理想原価」と「製造・管理の標準原価」の二つのあるべき姿を求めます。これらと現状を測定した結果とのギャップをロスと考えます。ロスを見える化するには、測定をすることが第一歩です。

第6章、第7章には、工場での具体的な材料費や加工費の原価管理・コストダウン事例が載せてあります。第6章は改善、第7章は管理の事例です。これらをみなさんの工場の現場にあてはめ、さらに理解を深めてください。本書を通してみなさんが「原価管理」のポイントと攻めどころについて理解され、ご自分の職場で原価管理・コストダウンの実践をされ、さらに職場がよくなることを願っています。

最後に出版にあたり、ご協力をいただいた日刊工業新聞社の野﨑伸一氏、およびMEマネジメントサービスのコンサルティングスタッフである橋本賢一氏、小川正樹氏、田村孝文氏に心より感謝いたします。

二〇一三年十一月

大塚泰雄

トコトンやさしい

原価管理の本

目次

目次 CONTENTS

第1章 まずは原価のしくみを覚えよう

第2章 原価の中身を見てみよう

第3章 原価管理で誰がコストを下げるのか

第4章 どうすればコストが下がるのか

第5章 どれくらいコストが下がるのか

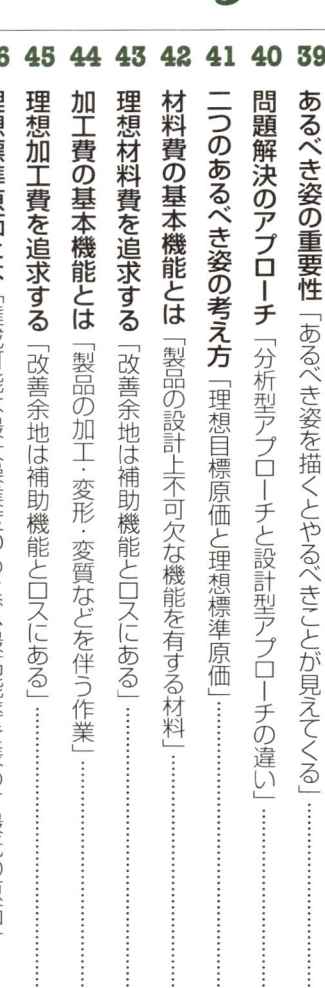

第6章 日々の原価管理でコストを下げる【改善編】

第7章 日々の原価管理でコストを下げる【管理編】

第1章

まずは原価のしくみを覚えよう

1 原価管理の要の原価とは

商品には材料・人・設備・エネルギーのお金がかかる

ここにおいしそうなコンビニの幕の内弁当があります。最近は、コンビニといってもただ便利で手軽に商品を買うことができるだけでなく、味・見栄え・カロリー計算などについても随分研究がされています。幕の内弁当を販売するには、どのようなお金がかかっているでしょうか。

まず、鮭、卵、鶏肉、豚肉、野菜などのおかず、ごはん、味付けの調味料、これらを入れるお弁当の容器、箸・つまようじなどの材料があります。また、厨房でおかずを作ったり、ごはんを炊いたり、これらを容器に詰める人たちの人件費がかかります。調理をするためには、フライパン、鍋、ガス台、炊飯器などの設備が必要で、ガス代・電気代・水道代などの公共料金も発生します。

また、幕の内弁当は工場や厨房で一貫生産されるため、コンビニまでのトラックの輸送やドライバーさんに対するお金も必要です。輸送された幕の内弁当は、ショーケースに並びます。コンビニが商売をしていくためには、売った商品ですべての費用を賄っていかなければなりません。店の費用としては、土地、建物、ショーケース、レジスター、店員さんの給料、電気代・水道代などがあります。このように、一つの商品を販売するためには人の手が係わり、材料、設備、エネルギーの多くのお金がかかっているのです。

幕の内弁当の価格はさまざまで、安いものと高いものは、2倍近くの差があります。商売をするには儲け(利益)が必要です。価格から儲けを引くと原価になります。いったい、幕の内弁当を1個売るといくら儲かるのか、原価はいくらでできているか、どうやって原価を抑えて安く提供できているのかなど、さまざまな疑問が湧いてきます。

これから原価の中身を紐解いて、原価とはどういうものか、原価をうまく管理して利益を出していくにはどうしたらよいかを勉強していきましょう。

要点BOX

●幕の内弁当にはさまざまな原価がかかっている
●価格から原価を引くと儲け(利益)になる

幕の内弁当にかかっているさまざまな原価

2 会社のお金の動き

経営には基本的な三つの活動がある

まずは原価を理解するために、〝会社はお金をどのように動かしているのか〟というお金の流れから見ていきましょう。

会社を運営していくには、お金がなければ始まりません。まずは、株主から資金を出してもらったり（自己資金）、銀行からお金を借りたり（借入資金）して、経営に必要なお金をとりそろえる（調達）ことから始まります。これらのお金を元にして、建物や機械などの設備を買い、製品になる材料を仕入れ、従業員には給料を支払い、さらに電力、ガス、水道代を払うことにお金を使い（運用）ます。つまり、調達したお金を運用するわけで、これを財務活動と呼んでいます。

財務活動は、ふつう経理部門が担当していますが、大きな会社になると経理とは別に財務部門も担当しています。

この時点でお金は、建物・機械、材料のように資産（財産）に変わるものと、電力、ガス、水道代のように消費されてしまうものがあります。そして製造部門がこれらをモノづくりの生産活動に使っていきます。これらは決して消えてなくなるわけではなく、製品やサービスに形を変えていきます。生産活動は会社にとっては心臓部にあたるため、いつもよい製品を作りながら新しい製品開発にも目を向けて、ユーザーの要求にあった製品やサービスを心掛けていかなければなりません。そして、営業部門が生産した製品やサービスを、セールスや広告宣伝をして販売活動を通じて売り上げていきます。売上を上げることによって取り戻されたお金（回収）は、もう一度自己資金に戻ってくるという旅を繰り返すわけです。

以上のように、①財務活動（資金の調達と運用）、②生産活動、③販売活動の三つが経営にとって基本的に必要な機能ということになります。これは、どんなに小さな企業でも世界的な企業でも欠かせない経営の基本機能なのです。

要点BOX

- ●経営に必要なお金を調達して運用する
- ●生産活動によって製品を作る
- ●販売活動によってお金を回収する

会社の中のお金の動き

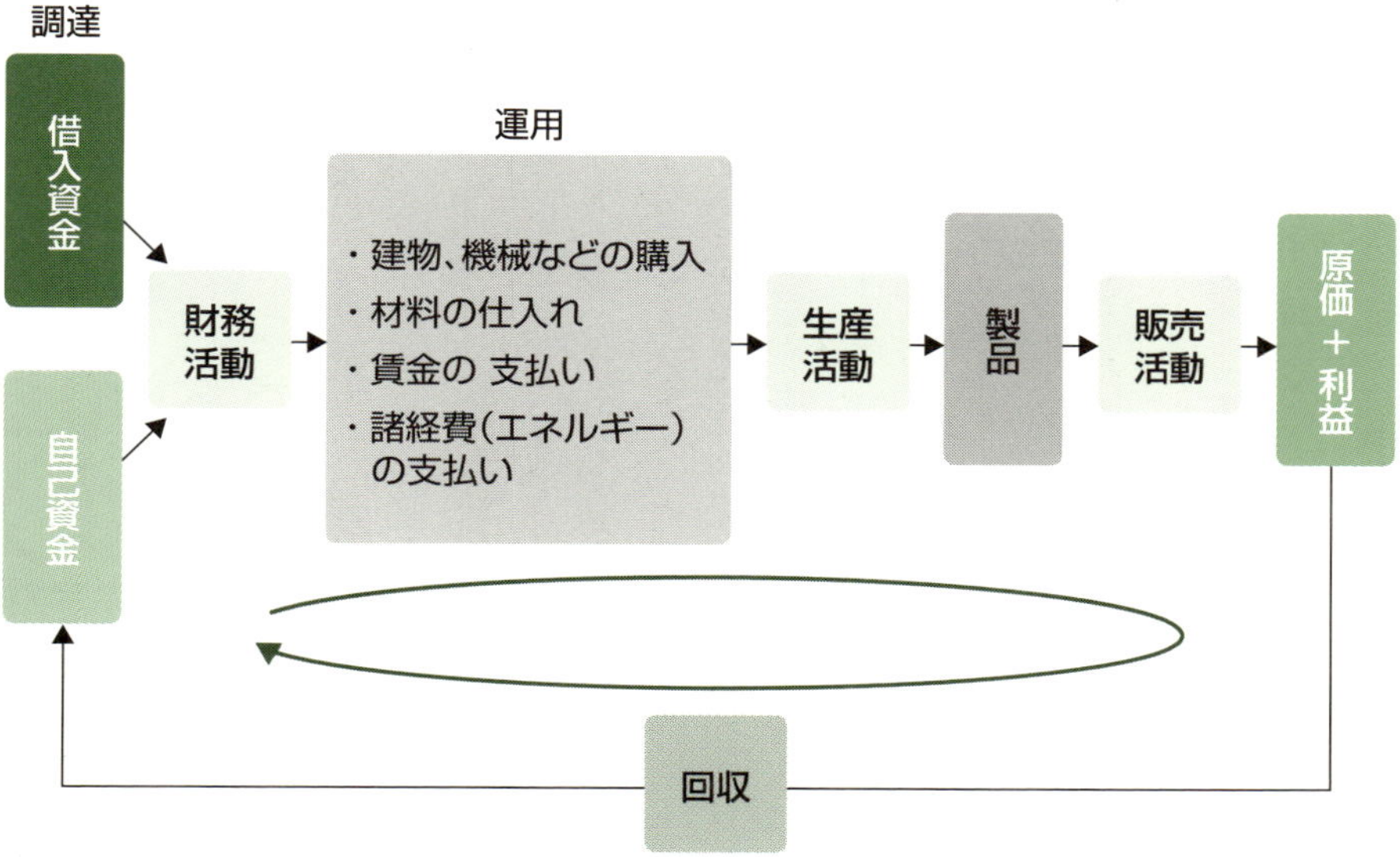

財務活動

生産活動

販売活動

3 会社の目的は利益向上

会社のインプットはお金でアウトプットは利益

会社の最も重要な目的は利益を確保することです。もちろん、会社は、お客様、取引をしている会社、株主や社会などに対して、経営活動を通じて継続的に利益を追い求める必要があります。

会社の利益は、販売活動により製品やサービスを売り上げた時点で計算できます。売り上げることにより入ってくるお金と、その売上をするためにかかった原価の差が儲け、つまり利益になります。そのとき、かかったお金よりも多くのお金を回収しないと赤字になってしまいます。こうして、会社はお金を回転させながら利益を生み出しているのです。つまり、会社の経営にとってのインプットは「お金」で、アウトプットは「利益」ということになります。

ここで、経営活動において二つの大切なことがあります。一つは、売り上げたお金が使われたお金よりも多ければ多いほど利益は出るということです。これは利益を売上高で割った売上高利益率で表すことができます。もう一つは、せっかく高い売上高利益率があってもお金を調達してから回収されるまでの期間が長すぎて、お金の流れが遅いと資金が寝てしまうことから、資金の回転を速くする必要があります。これは売上高を投下資本（自己資金＋借入資金）で割った総資本回転率で表すことができます。

この二つの活動によって、会社は投下資本に対して最大限の利益を上げようとします。これを総資本利益率と呼び、会社が一番大事にしている経営指標です。総資本利益率は、利益を投下資本で割ったもので、売上高利益率と総資本回転率を掛けたものです。つまり、少ないお金で最大限の利益を上げている会社ほど、よい会社ということになります。

コストダウン活動は原価低減活動ですから売上高利益率の向上に、在庫低減は材料、仕掛品、製品という資産を少なくして売上げることなので総資本回転率向上に貢献します。

要点BOX

- 利益は販売活動により製品やサービスを売り上げた時点で計算できる
- 総資本利益率＝売上高利益率×総資本回転率

経営のインプットとアウトプット

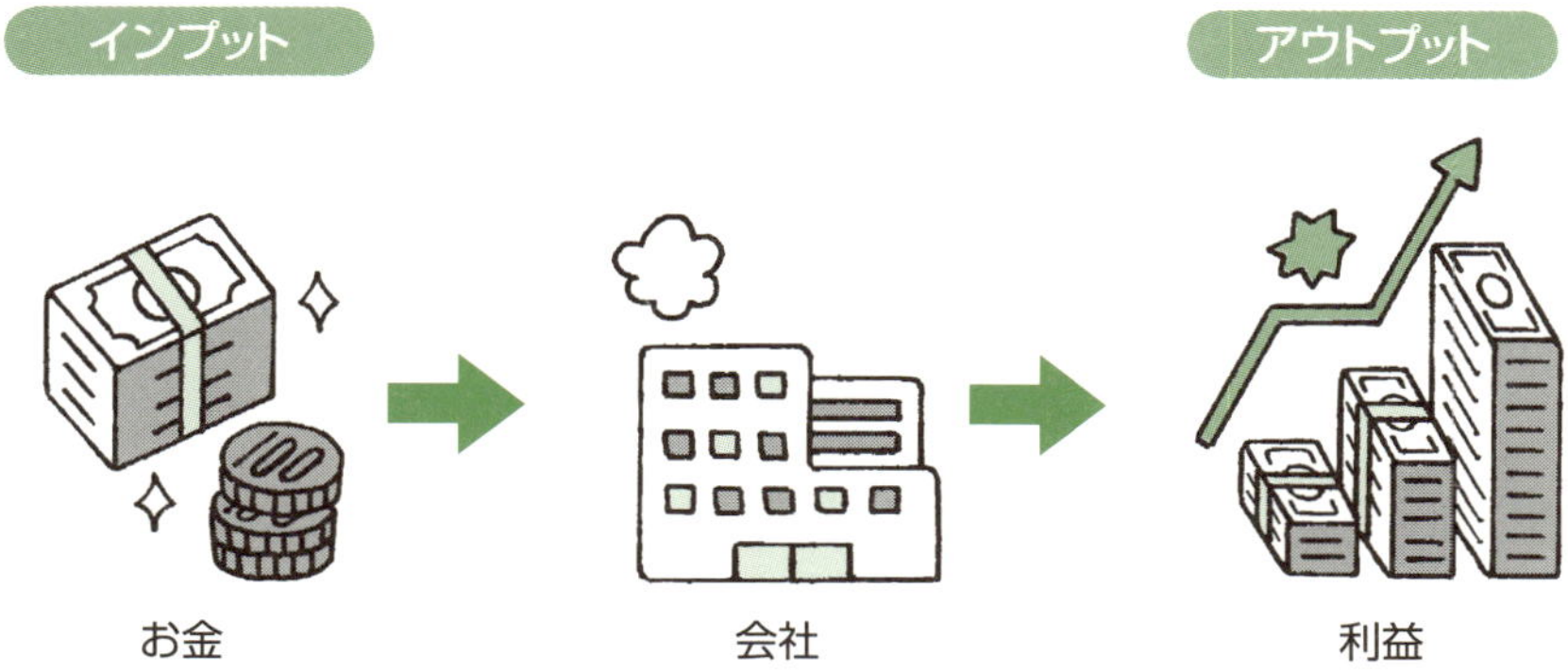

経営指標

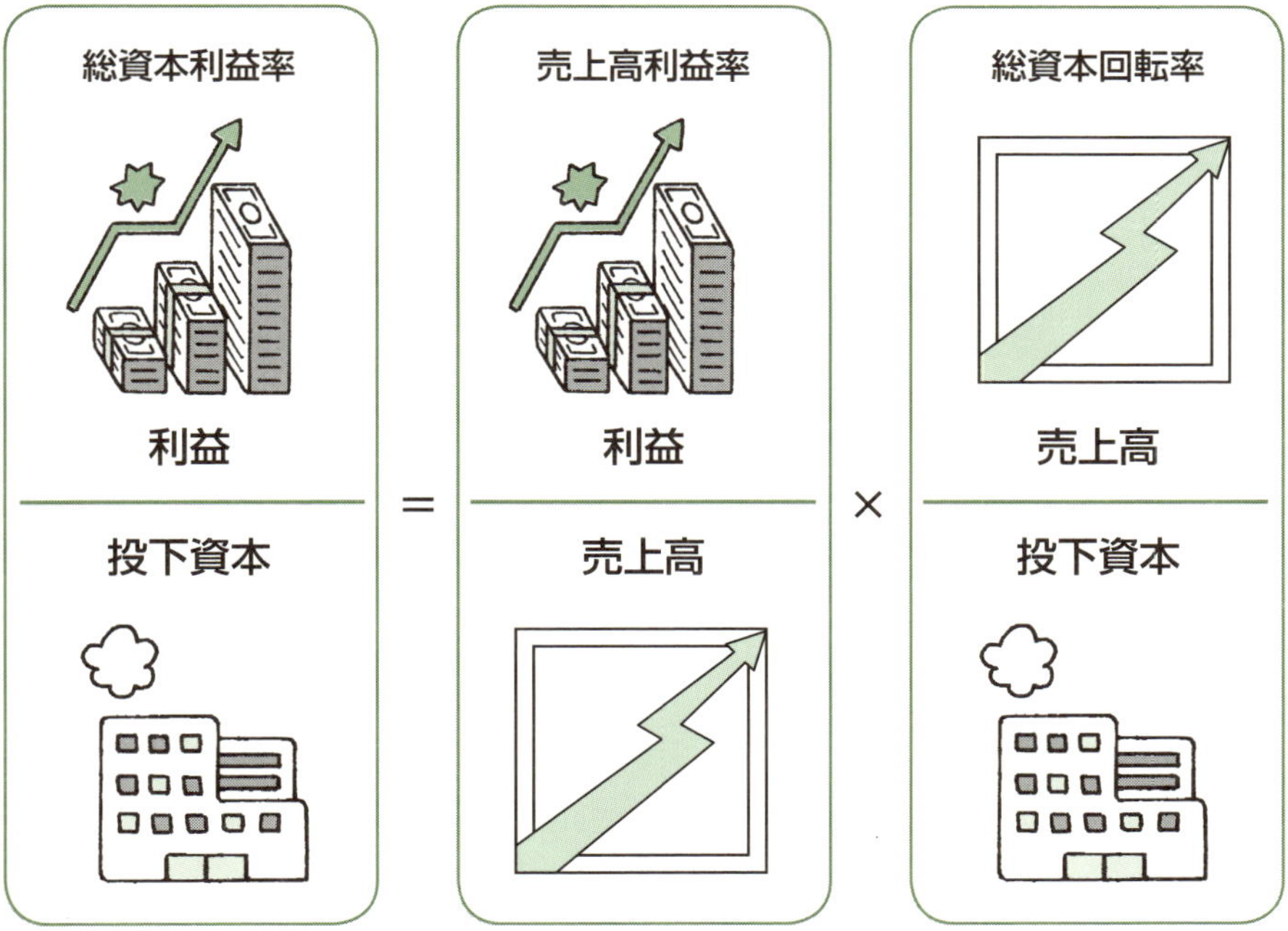

4 製造原価とは

形で分けた材料費、労務費、製造経費の分類

会社の経営にとって重要な活動として、財務活動・生産活動・販売活動の三つの活動があります。その中で、生産活動と販売活動で原価が発生します。そして、生産活動で発生する原価を製造原価と言います。

大きなスーパーでは、フロアーを〝精肉コーナー〟〝鮮魚コーナー〟〝乳製品コーナー〟など、料理を行う目的により商品を分けています。製造原価には見た目で原価を分類する形態別分類があります。発生した原価をものであれば材料費、サービスであれば労務費、その他は製造経費の三つに分類することが、最もよく知られている方法です。その内容は次のとおりです。

・材料費：ものを使うことによって発生する原価

鉄やプラスチックの素材、ボルト・ナットの購入部品などのように製品についていくものは代表的な材料費になります。

・労務費：サービスを提供することによって発生する原価

工場の人は製品を作るために働いているので、その人たちに支払われる給料はそのまま製造原価になります。

・製造経費：材料費・労務費以外の原価

製品を作るために使われた設備費（減価償却費と呼びます）、電気代、水道代などは製造原価になります。

以上の材料費、労務費、製造経費の三つは大分類なので、これらを「何の目的にお金が使われた」かをさらに分類する方法を機能別分類と言います。スーパーで言えば、精肉コーナーはさらに牛・豚・鶏のエリアに分かれています。製造原価の三つの費目では、具体的に次の表のように機能別に細分化されています。

生産活動は、材料、人、設備、エネルギーの四つの組み合わせから成っています。この四つの要素がバランスよく組み合わされた状態を作ることが最も安いコストで生産することを意味します。幕の内弁当を作るときの四つの生産要素は表のようになり、それぞれの生産要素ごとに原価が発生しています。

要点BOX

●生産活動と営業活動で原価が発生する
●生産活動で発生する原価を製造原価という

大きなスーパーの分類

製造原価の形態・機能別分類と幕の内弁当の生産要素

形態別	機能別分類	生産要素	幕の内弁当の生産要素
材料費	素材費・原料費 買入部品費 工場消耗品費	材料	ごはん・鮭・卵 鶏肉・野菜 強力粉・調味料 弁当容器・箸
労務費	賃金・給料・雑給 賞与・退職手当 福利厚生費	人	弁当を作る人 工場事務員
製造経費	減価償却費 金型・治工具費 賃借料 電力料 厚生費 旅費交通費 雑費	設備	ガス台、炊飯器 フライパン、鍋 工場建屋
		エネルギー	水道、電気

5 製造原価の計算方法

棚卸は製造原価を出すためになくてはならないもの

製品やサービスを作り出すためにかかった製造原価はどのように計算するのでしょうか。図は、材料倉庫、工場、製造原価報告書（決算書）の製造原価の流れを表わしています。まずは、材料費から見てみましょう。製品を作るために材料が材料倉庫から払い出されると、材料費という費用になります。この材料費を計算するには、①期首（たとえば4月1日）の材料在庫と②当期（1年間）に仕入れた材料をプラスし、③期末（翌年の3月31日）に材料倉庫に残っている材料を差し引くと、工場に払い出した材料費がわかります。工場で行う棚卸の目的は、倉庫に材料財産がどれだけあるかを調べることではなく、払い出された材料費を計算することなのです。

払い出された材料は、④材料費として工場に入ります。さらに、人の給料や賞与は⑤労務費に、電気・水・ガス代などの支払いや設備を使った費用は減価償却費として⑥製造経費に計算します。ここで、製品を生産するために使った材料、給料、諸経費などを集めると⑦総製造費用になります。

ここでは材料の棚卸の要領で、総製造費用と期首にあった製造途中にある仕掛品を一緒にして、期末に残っている仕掛品を調べると、工場で当期に完成した製品の製造原価がわかります。⑩当期製品製造原価は「⑧期首仕掛品プラス⑦総製造費用マイナス⑨期末仕掛品」で計算します。

以上のような流れで、材料の倉庫と工場の生産活動から図右に示す製造原価報告書という決算書の明細資料が作られます。それによると、④材料費200万円、⑤労務費300万円、⑥製造経費100万円をプラスしたものが⑦総製造費用で600万円になります。それに、期首と期末の仕掛品を増減すると⑩当期製品製造原価の600万円が計算され、それは当期に完成して製品倉庫に入った製品の原価です。これが1年分の製造原価報告書になります。

要点BOX

- 材料費＝期首材料＋仕込ー期末材料
- 総製造費用とは、製品を生産するために使った材料、給料、諸経費の合計

材料倉庫、工場、製造原価報告書(決算書)の製造原価の流れ

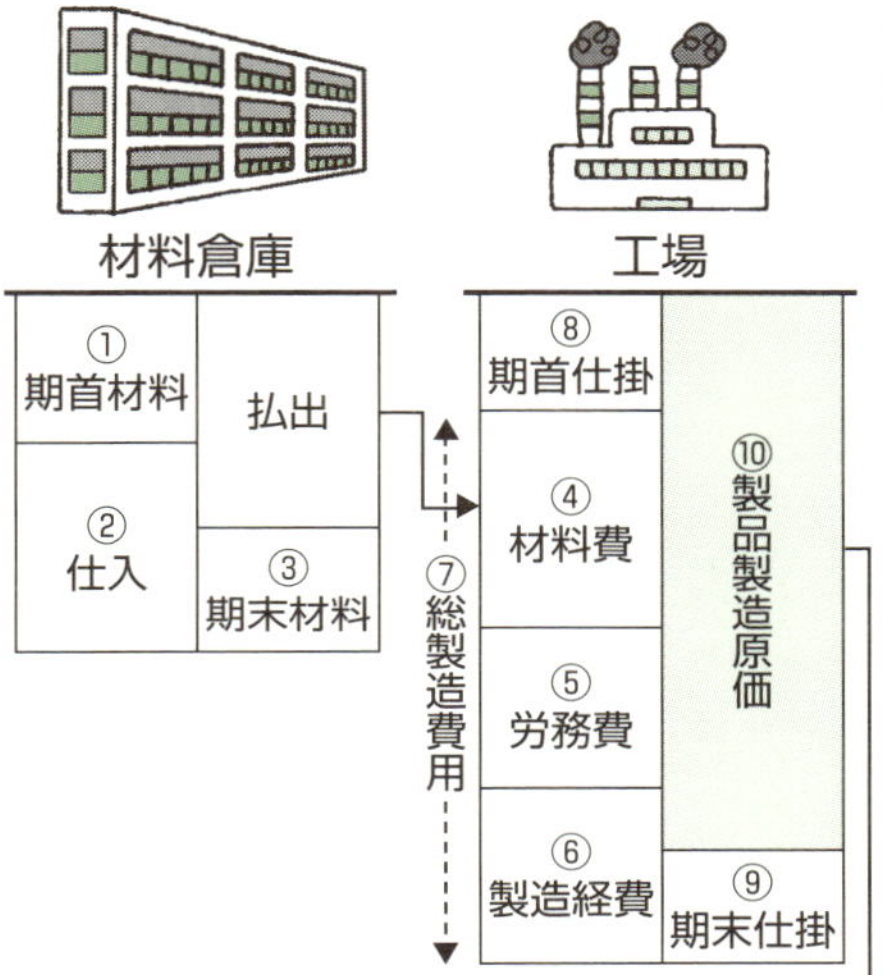

製造原価報告書 単位万円
平成xx年4月1日～平成xx年3月31日

材　料　費		
①期首材料棚卸高	10	
②当期材料仕入高	210	
計	220	
③期末材料棚卸高	20	④200
労　務　費		
給　　料	200	
賞　　与	70	
福利厚生費	30	⑤300
製 造 経 費		
水道光熱費	30	
賃　借　料	50	
減価償却費	12	
修　繕　費	6	
消 耗 品 費	2	⑥100
総製造費用		⑦600
期首仕掛品棚卸高		⑧　4
期末仕掛品棚卸高		⑨　−4
当期製品製造原価		⑩600

材料倉庫の材料の流れ

①期首材料棚卸高 10 ＋ ②1年間の仕入高 210 − ③期末材料棚卸高 20 ＝ ④材料費 200

工場の製造原価の流れ

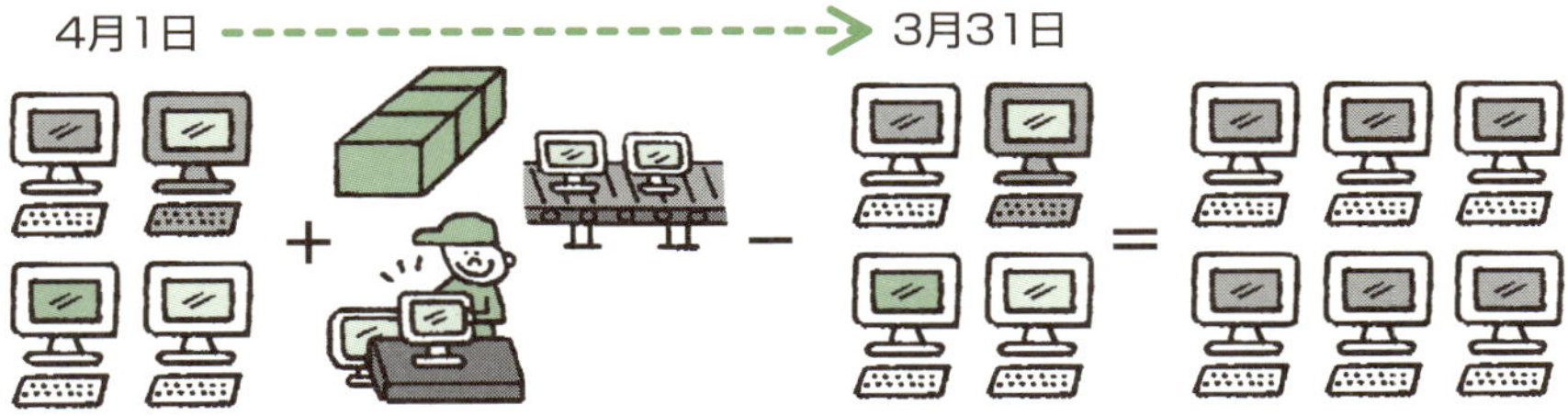

⑧期首仕掛品 4 ＋ ⑦総製造費用 600 − ⑨期末仕掛品 4 ＝ ⑩当期製品製造原価 600

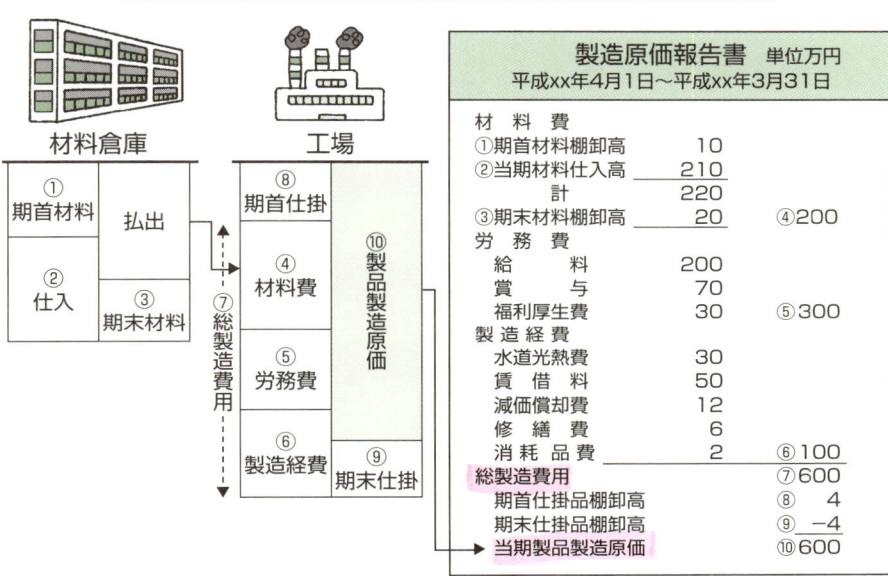

6 売上高－総原価＝利益

総原価とは売上原価と販管費を足したもの

次に、製造原価から利益になるまでを見てみましょう。図のように工場で完成した製品の製品製造原価は、製品倉庫へ移ります。そして製品が売られ、実際に製品倉庫から出荷されると、今度は売上原価という名前に変わります。つまり、製品倉庫でも材料の棚卸の要領で、期首にある製品在庫と当期に完成して工場から入ってきた製品を一緒にし、期末に残っている製品の在庫を引くと、製品倉庫から出荷された原価である売上原価がわかります。④売上原価は「①期首製品プラス②当期製品製造原価マイナス③期末製品」で計算します。

原価は製造原価・売上原価だけではありません。販売や管理にかかる費用も原価に入ります。これを販売費・一般管理費、略して⑤販管費と呼びます。販売費は営業担当者の給料や広告宣伝費、営業所の建物の減価償却費など、製品を売り上げるためにかかった原価です。一般管理費は主に本社の総務、人事、経理、情報システム部門の人件費や経費、本社の建物の減価償却費などです。

会社で働く人の給料は、工場の作業者はもちろん、技術・生産管理スタッフの分は製造原価に入りますが、営業所や本社の人の分は販売費・一般管理費に入ります。社長の給料も一般管理費になります。

売上原価に販売費・一般管理費をプラスしたものを、材料を仕入れてから売られるまでにかかったすべての原価という意味で、⑥総原価と呼び、ここまでが原価の範囲です。売上高から総原価を引くと⑦利益になります。

このように、生産活動によってつくり出された製品やサービスに価値が乗り移るようにして原価が計算されます。図は材料が倉庫に入って、工場、製品倉庫を通って、最後に決算書の利益になるまでの流れを示したものです。

要点BOX

- ●売上原価は「期首製品＋当期製品製造原価－期末製品」で計算する
- ●販管費は製品を売り上げるためにかかった原価

製造原価が利益になるまでの流れ

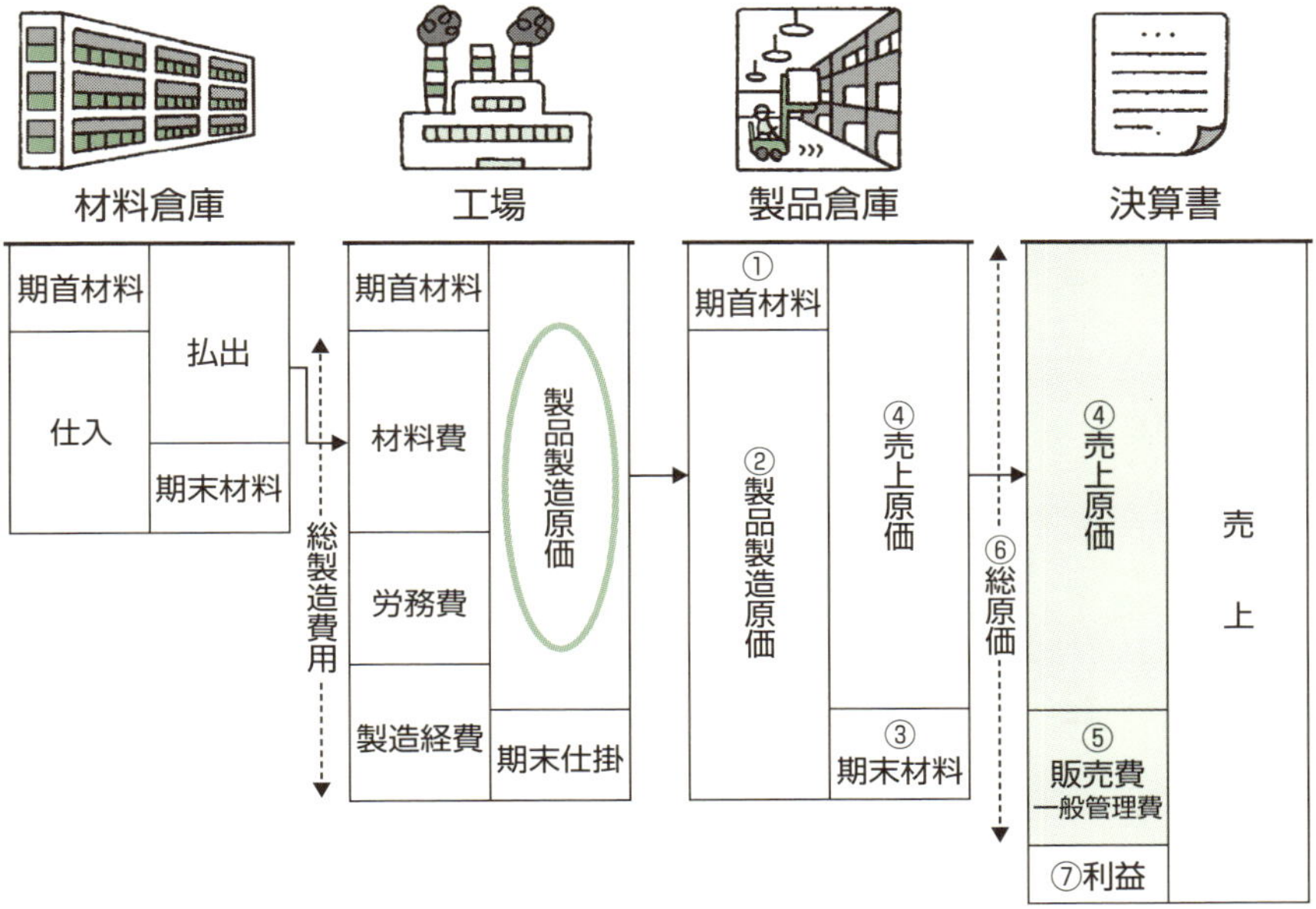

製品倉庫の原価の流れ

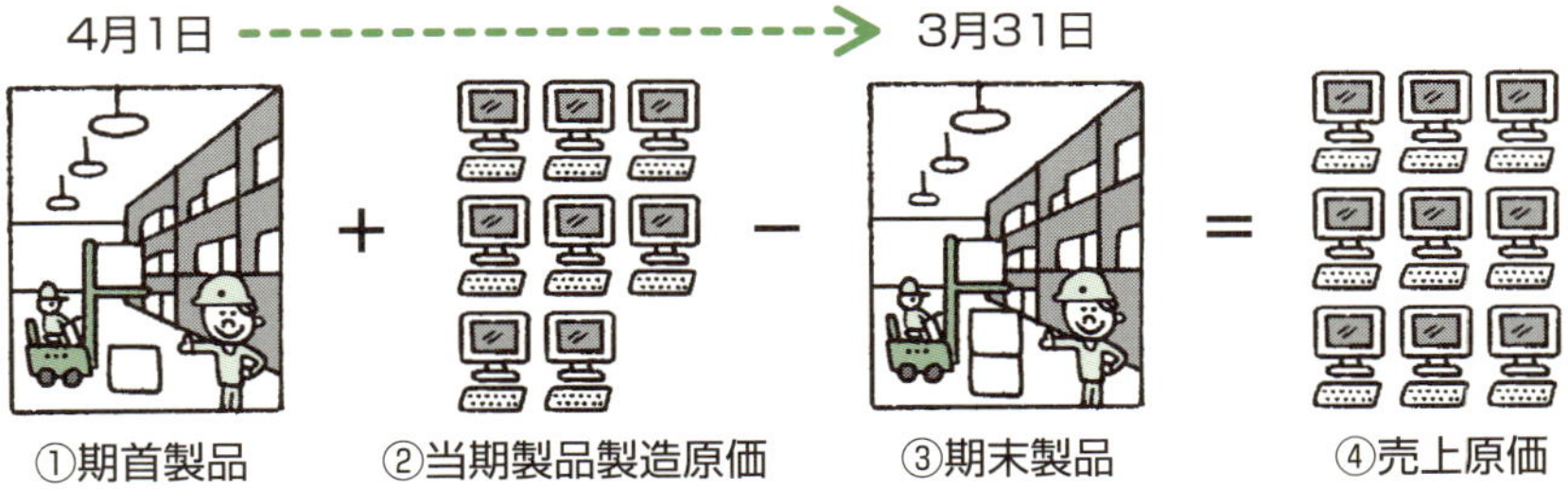

総原価とは何か

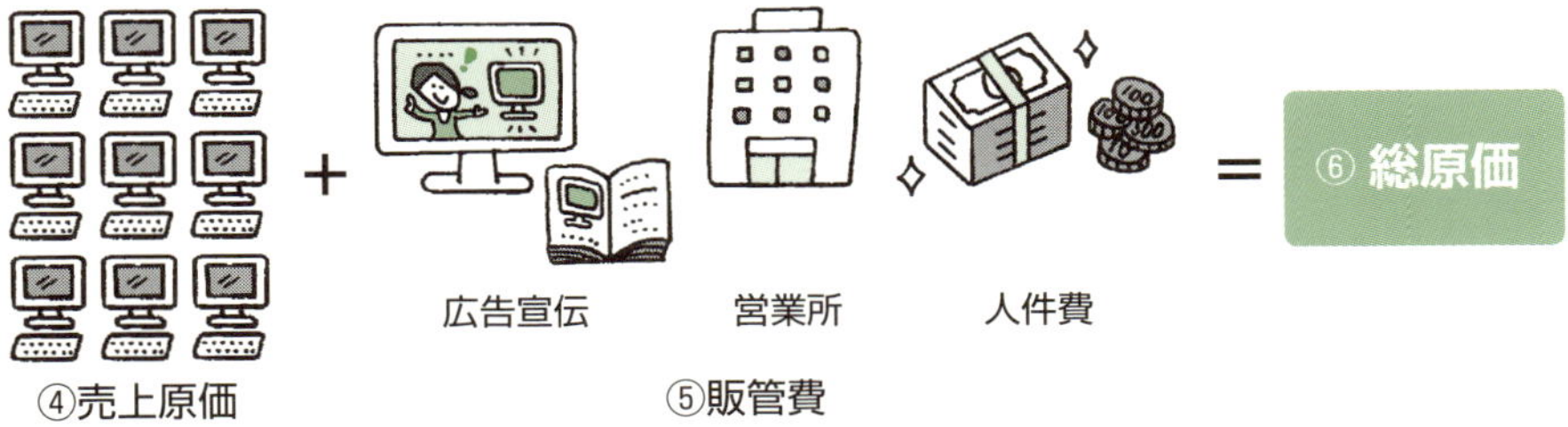

7 製造業の原価の内訳

材料費が60%、労務費が16%、製造経費が24%

製造業の原価構成がどのようになっているかを見てみましょう。グラフは、資本金３億円以下または従業員３００人以下の日本の主な製造業の中小企業の原価構成比率を表しています。製造業平均では、材料費が約60%、労務費が約16%、製造経費が約24%になっています。材料費の比率は大きく、原価管理を考える上において重要だということがわかります。

二番目に大きいのは製造経費ですが、工場に設備がたくさんある会社、または人の作業から設備への自動化が盛んに行われている会社は、製造経費の比率が高くなる傾向にあります。

次に業種別に特長を見てみましょう。材料費については、製造業の平均値60・1%より高い業種は食料品の80・6%、石油・石炭製品の73・0%、鉄鋼業の70・3%などがあります。1位の食料品は食材を購入し加工して製品を販売しています。原価管理を進めるためには、食材をいかに安く購入するか、特に価格の高い食材の使い方についてはロスの管理が大切です。

労務費については、製造業の平均値15・6%より高い業種は電気機器の24・7%、生産用機器の22・2%、輸送用機器の19・0%などがあります。1位の電気機器では人手に関わる作業が多いため、人の生産性向上に関する原価管理が重要になります。

製造経費については、製造業の平均値24・3%より高い業種は印刷・同関連業の45・7%、輸送用機器の34・3%、繊維工業の32・5%などがあります。1位の印刷・同関連業での詳細データでは外注費の占める割合が多いため、外注管理が重要になります。

このように、原価管理の第一歩は会社の原価構成より、どの費目のウエイトが大きいかから分析を行い、原価の特徴にあった対策を考えていくことが大切です。みなさんも自社の原価構成を見て、原価管理の対策を考えてみてください。

要点BOX

- 材料費のウエイトは高く60%を占めている
- 原価管理の第一歩は自社の原価構成の特徴を把握すること

製造業の原価構成

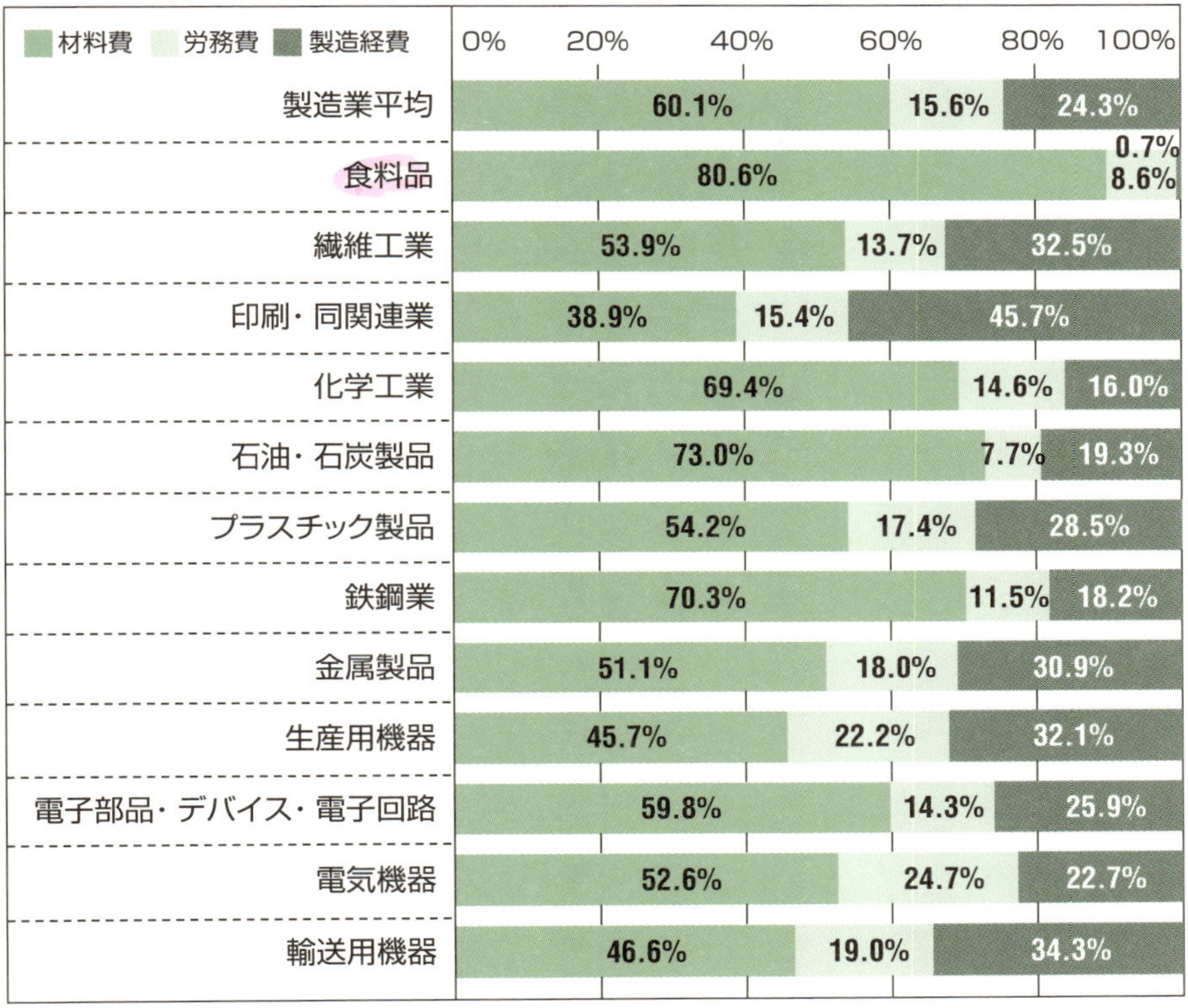

中小企業実体調査に基づく「経営・原価指標」平成24年発行
同友館編集部　第3部原価指標編P.194～P.210をもとに作成

8 原価と費用の違い

自然災害などで発生した費用は原価にならない

原価の内容について説明してきましたが、ここで「原価とは」について整理しておきましょう。1962年（昭和37年）にできた日本の原価計算のマニュアルとも言える〝原価計算基準〟では、原価は以下のように定義されています。

原価とは「経営の一定の給付にかかわらせて把握された財貨または用役の消費を貨幣価値的に表わしたものである」。少し難しい表現になっていますが、〝経営の一定の給付〟とは経営が作り出す製品やサービスのことであり、〝それに関わらせて把握された財貨〟とはモノ、〝用役〟とはサービスのことです。したがって、原価は必ず仕掛品原価、製品原価、売上原価、部門別原価、総原価のように○○原価として何に関わらせて把握された原価であるかを記載しています。これを〝貨幣価値的に表す〟とはお金で換算したものという意味になります。これらをやさしく定義すると原価とは『製品やサービスを生産・販売するために消費された価値』になります。

「原価」とよく似た言葉に「費用」があります。「原価」と「費用」はほぼ同じものですが、製品を作ったり売ったりするために使われた費用は、いずれはすべて製造原価、売上原価、総原価のように原価になりますが、仕掛品や製品になるまでは費用として扱われます。費用はいずれは原価になりますが、費用であっても原価にならないものもあります。

たとえば、工場で幕の内弁当を10個作ったとします。そのうち検査をした結果、2個に異物が混入していて不良品になりました。これら2個の不良品は原価としてカウントされます。しかし、災害で工場が浸水し10個の弁当が流されてしまった場合は、流された10個の弁当は原価には入りません。このように災害などにより発生した費用は原価にならないのです。

また、費用が原価にならないものをまとめると一覧表のようになります。

要点BOX

- 原価とは製品やサービスを生産・販売するために消費された価値
- 費用のまま原価にならないものもある

原価の範囲

生産の4要素

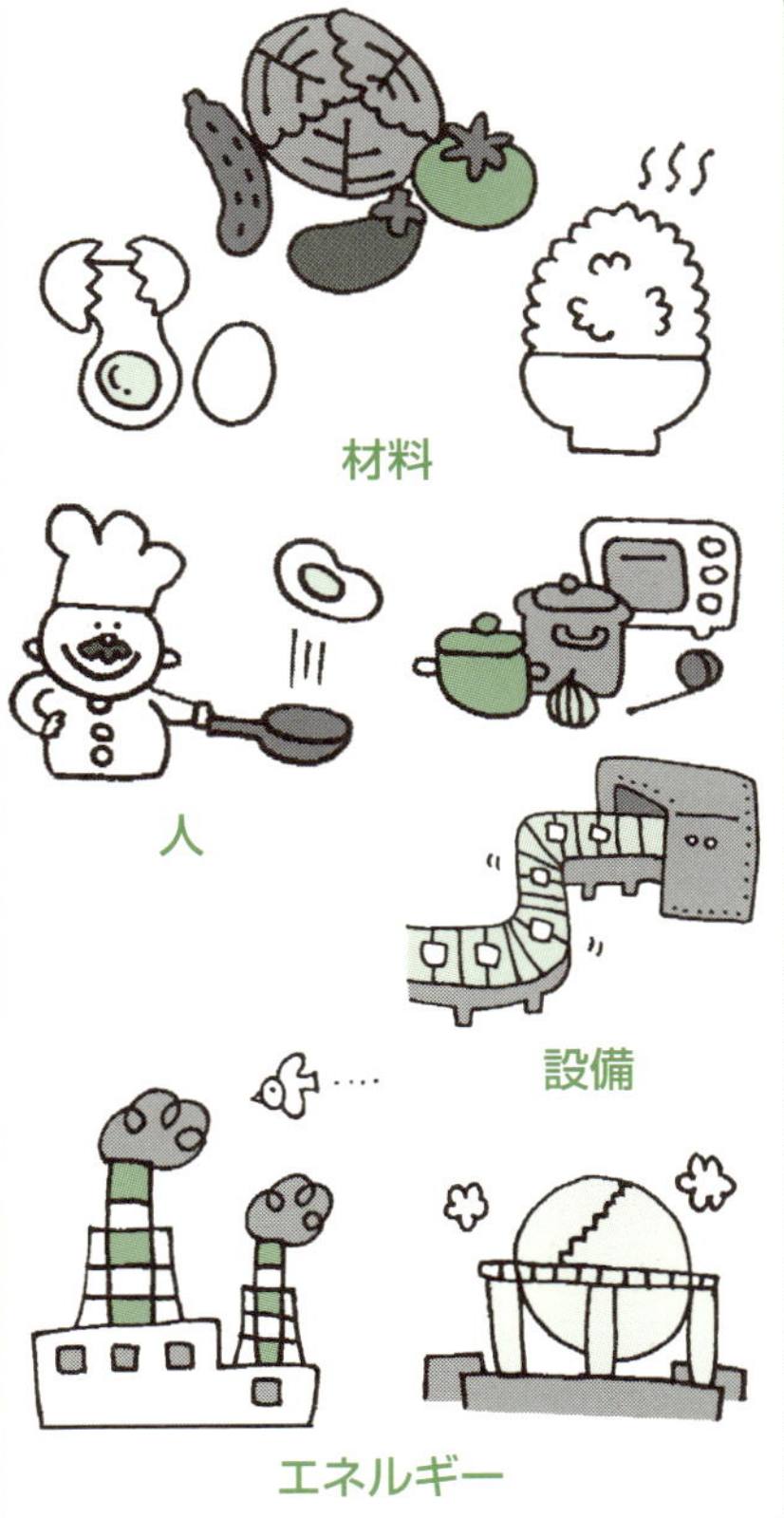

原価

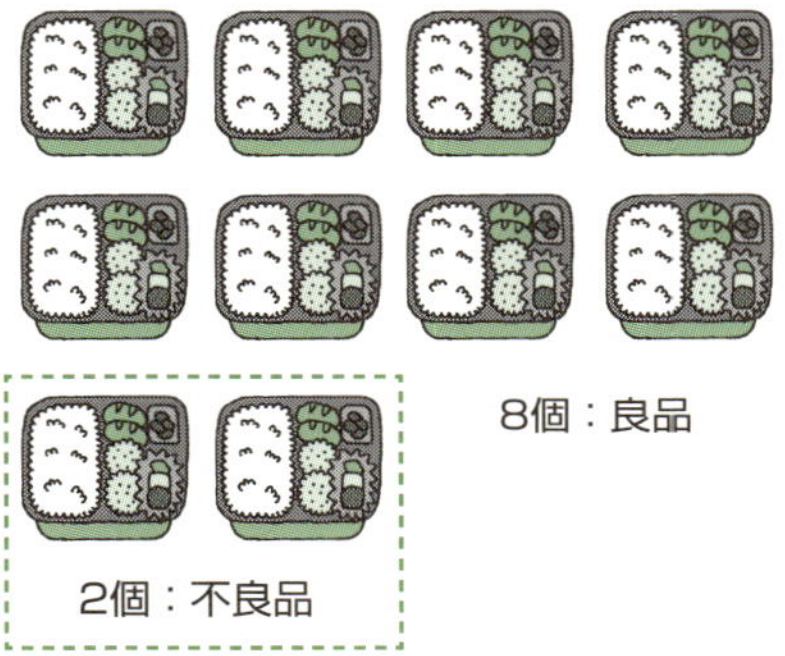

原価にならない

費用であっても原価にならないもの

■ 原価は製品の生産・販売という目的のために使われたものに限られる

・財務活動などに使われた費用（支払利息、支払割引料など）

・税法上とくに認められている損金算入項目

■ 原価は、正常な経営活動の上で使われたものやサービスに限られる

・災害などによって異常な損失が発生した場合などの費用

9 原価の本質

価値あるものにお金をかけること

今、100円ショップには、台所用品、文房具などの日用雑貨から、インスタント食品、飲料、お菓子、最近では生鮮食料品までさまざまなものが売られています。お目当ての商品を探しに行ったのですが、ついつい他のものまで買ってしまうという経験があるのではないでしょうか。

100円で商品を購入しても、「すごく便利で得したな」と思う商品と、「何だ、やっぱり100円だからたいしたことなかったな」と後悔をする商品も中にはあるかもしれません。話は飛躍しますが、一生に一度の大きな買い物で3000万円のマンションを購入することを想像してみてください。慎重に検討はしたものの、実際に住んでみないとわからないこともたくさんあり、購入後に大変満足、少し不満、あってはならないことですが後悔をするなど感ずることがあるでしょう。つまり、商品を買って満足するかしないか（価値があるかないか）ということは、お金の高い・安いではなく、支払った金額に対して得られた効果（機能）のバランスで決まるということです。

このことは原価についても同様なことが言えます。今、商品開発においてAとBの二つの商品の開発が決まったとします。Aの商品は、市場調査において競合他社より優れた新商品で売上増が見込まれ有望商品です。一方B商品は、他社に類を見ない画期的な商品ではありますが、ニッチ市場（隙間市場）であるために需要の動向が不透明な商品です。このような状況において、限りある人を抱える開発部門では、お金と時間を効率よく使っていかなければなりません。A商品には売上増を一気に狙うため多大なお金を投資すべきであり、B商品については最低限の投資で効率良く開発していくことが望まれます。このように、価値あるものにはお金をかけてよいのです。これが原価の本質で、大切なことです。

要点BOX

●顧客満足とは支払った金額に対して得られた効果のバランスで決まる

100円ショップ

100円ショップ

$$\text{満足の度合} = \frac{\text{得られた効用の大きさ}}{\text{支払った費用の大きさ}}$$

3,000万円のマンション

100円の文房具

予想売上高と開発投資の関係

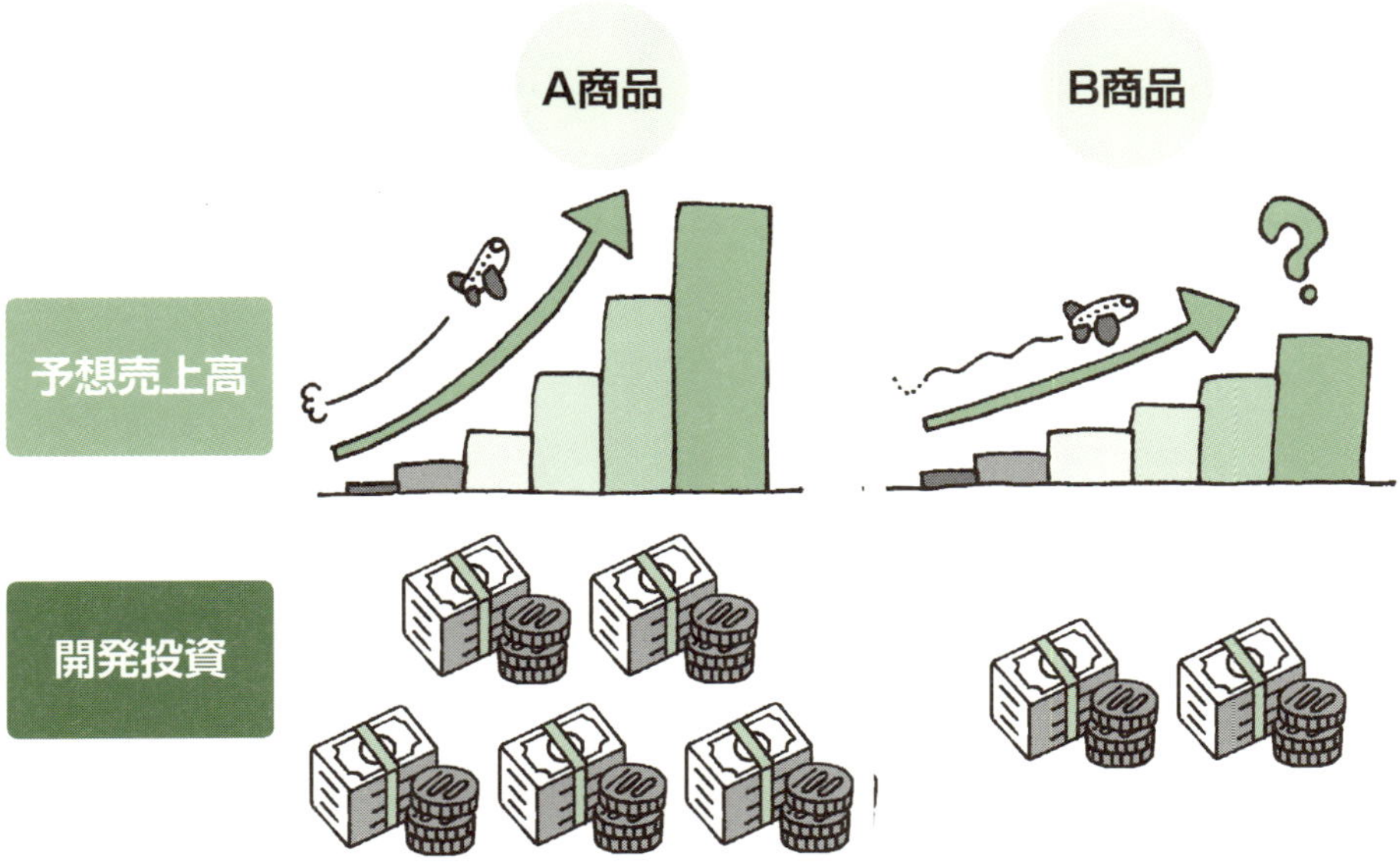

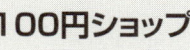

Column

変身していく利益

売上から総原価を引くと利益になることは勉強しました。利益はそのあともいくつもの段階を経て変身していきます。その変身ぶりを見てみましょう。

売上高から総原価を引いた「利益」は正式には「営業利益」と呼ばれています。この利益は製品を売ったり、サービスを提供したりして得られた〝本業の儲け〟と言われるものです。しかし、企業活動の中には本業以外の活動によって発生する収益や費用もあります。

たとえば、会社が銀行にお金を預けていれば、受取利息が発生し「営業外収益」になり、逆に銀行からお金を借りていれば、支払利息が発生し「営業外費用」として計算されます。このように、営業外の収益と費用を足し引きすることで「経常利益」が計算されます。

経常利益は、本業による利益と本業ではありませんが企業として平常的に行っている活動による収益と費用の合計です。これ以下にもまだ利益の種類はたくさんありますが、まずは経常利益ぐらいまでを理解していれば通常の原価管理には充分です。

企業にとって利益は多いに越したことはありません。ぜひ原価管理をしっかり実施して、多くの利益を稼ぎたいものです。

売上高
総原価
　売上原価
　販管費（販売費・一般管理費）

利益　←ここまでは勉強しました
　＝
営業利益
　営業外収益
　営業外費用

経常利益

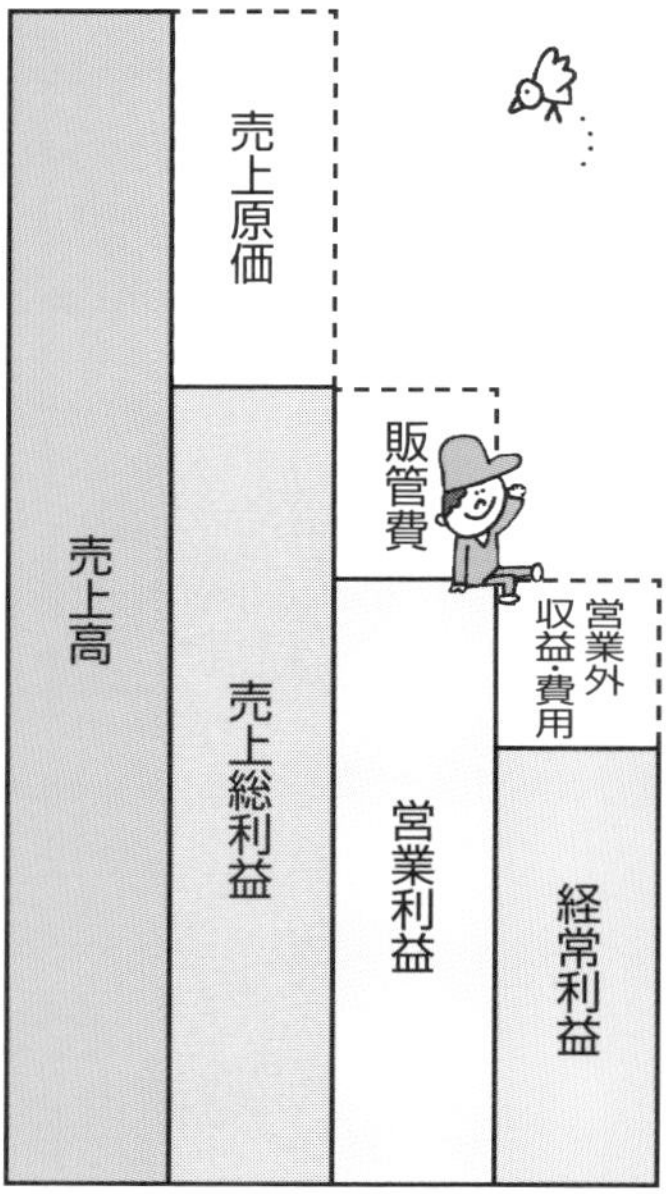

第2章

原価の中身を見てみよう

10 原価の分類とは

財務会計上と管理会計上の二つがある

製造原価について、第1章では材料費・労務費・製造経費の形態別分類とそれらの費目が何の目的に使われるかの機能別分類について説明をしました。これらは財務会計上の分類と言われ、企業が株主や債権者など外部の利害関係者に一定期間の経営成績や財務状況などを報告する〝財務諸表〟を作成するための分類になります。しかし、この財務会計上の原価分類だけでは原価管理の管理を行っていくには使えません。

そこで具体的に管理をするためには、個々の製品や設計・製造・購買などの部門別の原価を把握し、コストダウンやいろいろな意思決定をするための原価情報が必要になります。管理の目的には、「製品との関連による分類」「操業度との関連による分類」「管理可能性に基づく分類」などがあり、管理会計上の分類と言われ、次のような内容になります。

・**製品関連分類**：製品を作るための原価が個々の製品に使われたことが明らかなものと不明確なものによって直接費と間接費に分ける。

・**操業度関連分類**：生産量が増えたり減ったりすると、それに比例して増減する変動費と生産量の増減にかかわらず変化しない固定費に分ける。

・**管理可能性分類**：原価を管理者が管理できるかできないかに基づき、管理可能費、不能費に分類する。

図は、財務会計と管理会計上の原価の体系を表わしています。財務会計と管理会計上の原価の分類は切り口の違いはありますが、両者の合計は一致しなければなりません。管理会計では財務会計の分類を基礎にして、それを直接費は材料費、間接費は加工費だけとし、材料費は変動費に、加工費は変動加工費と固定加工費に分けます。こうして、財務会計上の「材料費＋労務費＋製造経費」は管理会計上の「材料費＋変動加工費＋固定加工費」の範囲に一致するように計算します。

要点BOX

●財務会計上の分類は形態別分類と機能別分類

●管理会計上の分類は製品関連分類、操業度関連分類、管理可能性分類

財務会計上と管理会計上の分類

財務会計上の分類		管理会計上の分類	
形態別分類	機能別分類	製品関連分類	操業度関連分類
材料費	原料費	直接費	変動費
	購入部品費		
	外注費		
労務費	給料		
	賞与	間接費	
	法定福利費		
製造経費	一般経費		固定費
	設備償却費		
	金型償却費		

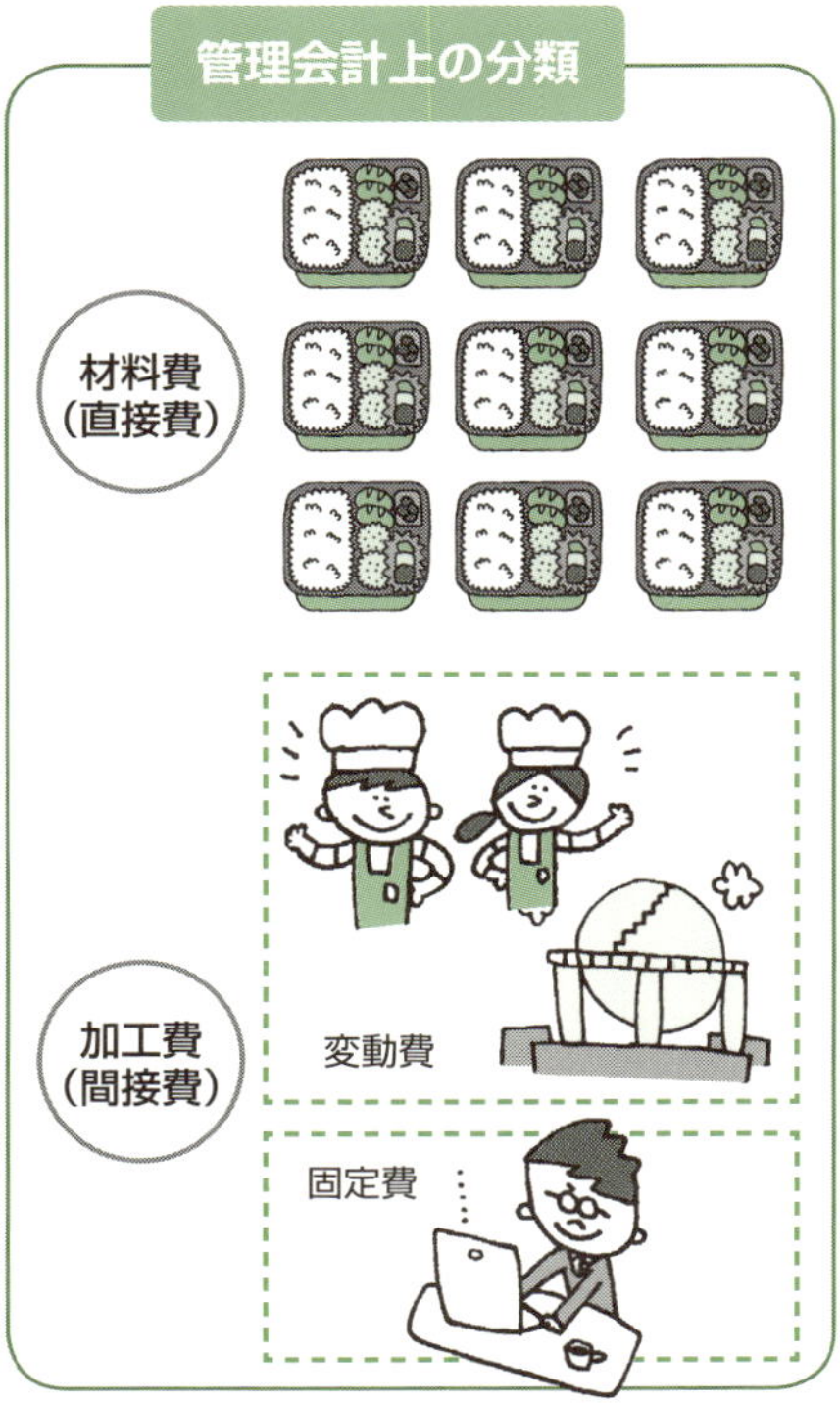

11 直接費と間接費に分ける目的

製品との関連を見るための分類

工場で製品を作っていて、今作っている製品がいくらでできているかは誰でも気になり、できるだけ正確に計算したいと考えるでしょう。そのためには、このA製品に使われたことが明らかなものは、できるだけA製品の原価として直接把握し、どの製品に使われたかがわからないものは何らかの基準を設けて割り振る（配賦）ことが必要になります。以上の理由から、直接費と間接費という考え方が生まれました。これは原価を管理するための「製品との関連による分類」で、製品別の原価計算をするときに重要になってきます。左表に直接費と間接費の定義を示してあります。

製品を作るために使われる材料は、加工されるにしたがって穴があいたり、削られたり、質が変わったりして製品になります。その過程で、直接その製品に使われる材料やサービスの費用が直接費になります。素材や部品などの材料は製品に付着し、製品の一部となり目に見えるためわかりやすいのです。

たとえば、幕の内弁当ではごはん、おかずの鶏のから揚げや鮭などは一人前の量が決められているため、どのくらい必要かがわかります。また、弁当を入れる容器や箸なども直接把握することができますし、作業員の労務費も弁当個々にかかる原価も、幕の内弁当を今日何個作ったかということから直接工数という形で把握することができます。金額の大小に関係なく、個々の製品にかかる原価は直接その製品にプラスすることにより正しくつかむことができます。

ところが、鶏のから揚げの強力粉、片栗粉、醤油、塩、コショウや揚げる油などのように、製品を作るために直接使われていますが、どの製品を作るために使われたかが不明確で金額の小さいものがあります。これらは、原価計算の正確性からすると影響が少ないため間接費に扱われます。つまり、材料費のほとんどは直接費、直接作業員の労務費以外の労務費と製造経費の大部分は間接費という区分になります。

要点BOX

●直接費は製品を作るための原価が個々の製品に使われたことが明確な原価で、間接費はどの製品を作るために使われたかが不明確な原価

直接費と間接費の定義

- ■ 直接費：製品を作るための原価が個々の製品に使われたことが明らかな原価（原材料費など）
- ■ 間接費：どの製品を作るために使われたかが不明確な原価（工場の事務員の給料など）

製品との関連分類と幕の内弁当の生産要素

形態別分類	機能別分類	生産要素	幕の内弁当の生産要素	製品との関連分野
材料費	素材費・原料費 買入部品費 工場消耗品費	材料	ごはん・鮭・卵 鶏肉・野菜 弁当容器・箸	直接費
			強力粉・調味料	間接費
労務費	賃金・給料・雑給 賞与・退職手当 福利厚生費	人	弁当を作る人	直接費
			工場事務員	間接費
製造経費	減価償却費 金型・治工具費 賃借料 電力料 厚生費 旅費交通費 雑費	設備	ガス台、炊飯器 フライパン、鍋 工場建屋	間接費
		エネルギー	水道、電気	間接費

直接費

間接費

12 原価は何かに比例する

原価を出すには原価に比例するものを見つける

原価計算を行うには「原価は何かに比例する」を考えて、原価と比例関係にあるものを見つけることが必要です。原価と比例関係にあるものを原単位（コストドライバー）と呼び、これを何にするかと言うことは、原価計算や原価管理をする上でとくに重要です。

　幕の内弁当の具材であれば、お米や鶏肉はkgやgの重量当たり、人参やキャベツは1本や1個当たりでこれらが原単位になります。このように、材料費は購入するときに原単位が決まっているので判定しやすいのですが、加工費は弁当を作っている作業者の工数（人の時間）や機械で自動加工しているものの時間（機械の時間）に比例するものが多いのです。弁当の容器にごはんやおかずを詰めるための調理用の使い捨て手袋は、調理をしている時間が長くなると破れてきます。また、厨房の設備は長い時間使っていると部品を交換・修理しなければなりません。

　原単位の基準には、次のようなものがあります。

①原価と比例関係にあること

　原単位は原価と最も比例関係の強いものを選ぶことが必要です。4個の卵から作った卵焼きの材料費は大きさや重量に、加工費はカットする時間に比例します。もし、原単位を重量のみで卵焼きの原価計算をすると、1本の卵焼き（80円：4個の卵）を1／2本の卵焼き（40円：2個の卵）に切ると材料費は半分になりますが、加工費（5円：1カット）は逆に高くなり材料費と加工費は反比例します。

②可能な限り統一した尺度とすること

　原価の発生にはいろいろな要因があります。生産数量、工数、機械時間、段取時間に比例して発生する原価もあります。あまり多くの原単位を設定せず、可能な限り統一した基準を設定するとよいでしょう。

③理解が容易であること

　原単位は誰にでも理解でき、原価計算が簡単にできなければなりません。

要点BOX

●原単位の基準は、原価と比例関係があり、可能な限り統一した尺度で、理解が容易であること

材料費の原単位

200円／1パック

150円／100g

3,000円／10kg

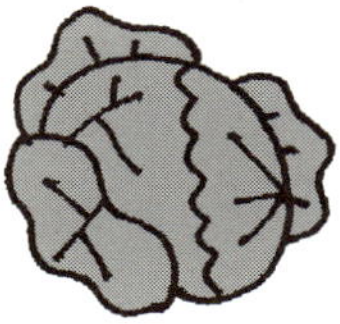

150円／1個

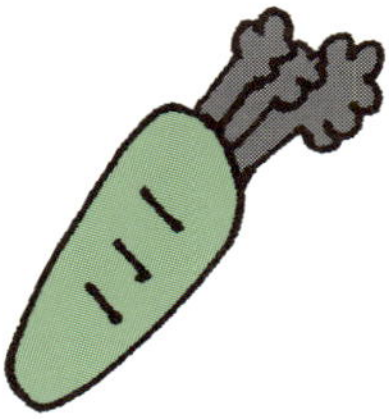

50円／1本

原単位の違いによる材料費と加工費の関係

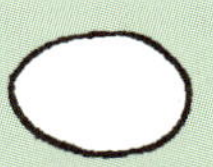 卵1個：20円	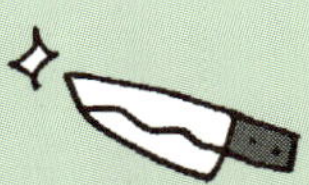 1カット：5円	材料費 長さ／重量 円	加工費 カット時間 円	合計 円
卵焼き 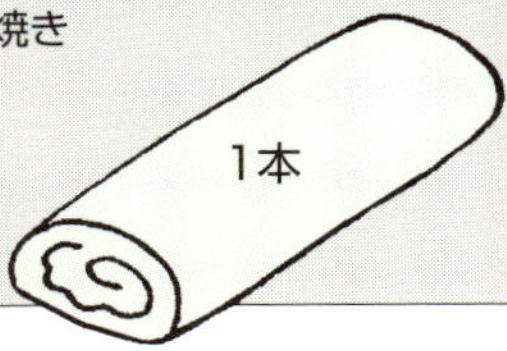 1本	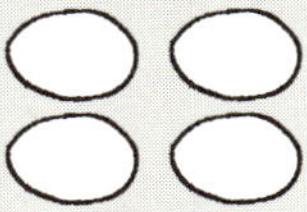 4個	80	0	80
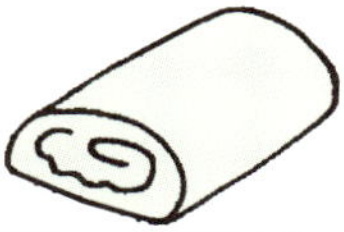 1/2本	 2個	40	5	45
 1/8本	 0.5個	10	5	15

13 変動費と固定費に分ける目的

操業度との関連を見るための分類

原価計算結果をコストダウンや意思決定に使いたいという目的には、操業度との関連による分類として、変動費と固定費という考え方が必要になります。操業度は、生産量または仕事量を生産能力で割った「負荷」と「能力」の比率で、生産能力の活用度を示したものです。負荷と能力はバランスがとれていることが理想ですが、実際には社外や社内の条件により負荷と能力の調整が必要になります。詳しくは第5章で述べますが、分母の能力が変動費と固定費に分かれます。

まずは、変動費と固定費、これらの中間に存在する準変動費（準固定費）の定義を見てみましょう。

・**変動費**：製品の生産量が増えたりすると、それに比例して増減する費用。材料費や外注費など

・**固定費**：生産量の増減にかかわらず変化しない費用。設備の償却費や地代など

・**準変動費**：変動費と固定費の中間にある原価を準変動費または準固定費と呼ぶ。製造経費はほとんどこれにあたる。

準変動費・準固定費は、

①生産量がゼロの場合でも一定額が発生し、生産量が増えるにしたがって比例的に増加する費用で、電力料などがある。

②ある範囲の生産量の変化では固定的で、これを超えると急に増し再び固定する費用で、監督者給料などがある。

工場の生産要素は人から設備へと置き換わることによって、労務費から製造経費（減価償却費・燃料動力費・修繕費）へ、また、人手は直接労働から生産計画や生産管理をする間接労働へと移っています。こうした現象は、製造原価が変動費から固定費へと置き換わっていくことを意味しています。生産の現状はもうすでに、加工費の50%以上は固定費となっているため、原価管理も原価の特長を見て効率的に進めていく必要があります。

要点BOX

- 操業度との関連には変動費と固定費の分類が欠かせない
- 生産の現状は加工費の50%以上は固定費である

$$\text{操業度} = \frac{\text{負荷(or仕事量)}}{\text{能力}}$$

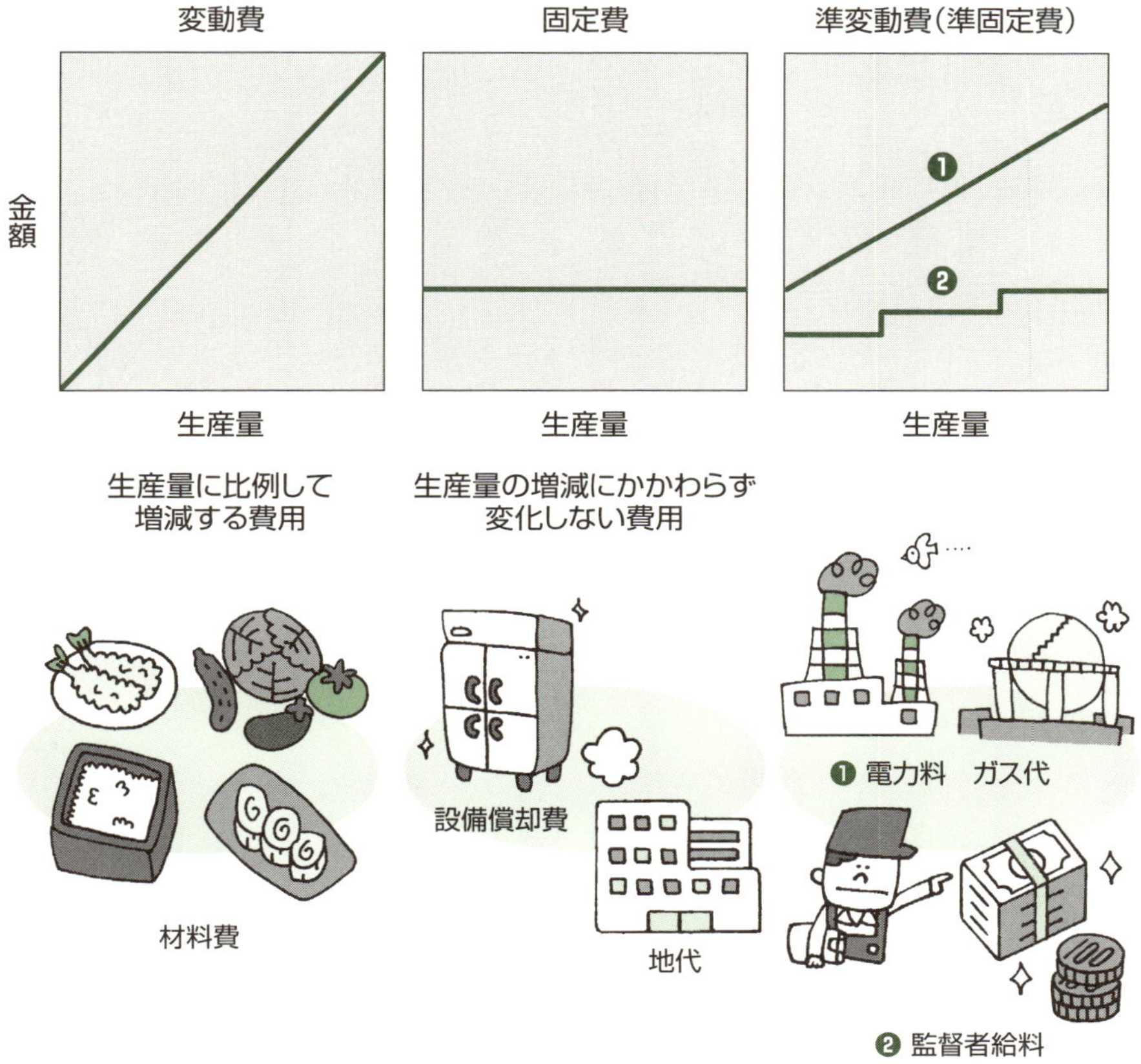

加工費の50%以上は固定加工費

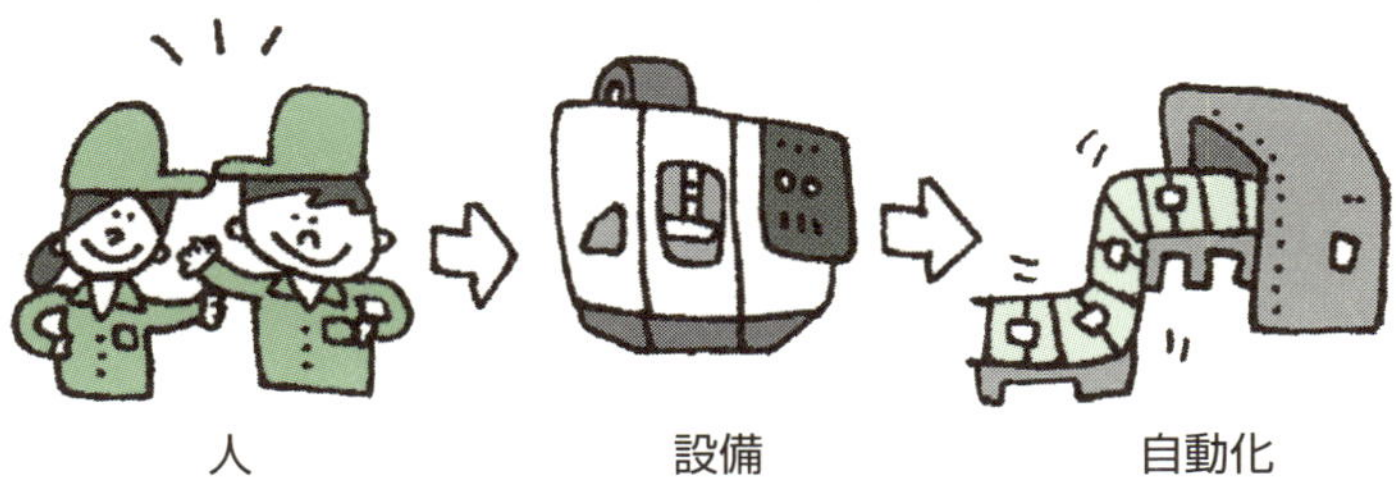

14 固定費の特長

固定費は生産量によって変わらない

利益は、〝売上マイナス原価〟という簡単な算式で求めることができます。幕の内弁当の売値が400円で100円の利益があれば、原価は300円（400円―100円）になります。このとき、幕の内弁当を2個売ると売上は2倍の800円でも、原価は単純に2倍の600円にはならないのです。それは、原価の中に変動費と固定費が入っていて、2個売って変わるのは変動費分だけで、固定費は変わらないからです。このからくりを説明しましょう。

ごはんやお弁当を作る作業者のような変動費は生産量の増減に比例する原価なので、製品が増えるといくらの材料費、変動加工費がかかるかが、積上げで計算ができます。ところが、厨房の設備や地代のような固定費は生産量との比例関係がないので、全体の固定費をそのときの生産量で割って1個当たりの固定費を計算します。

たとえば表のように、幕の内弁当の300円の原価の内訳が変動費200円、固定費100円とします。1個作ると原価は300円ですが、10個作ると210円、100個作ると201円になります。どうして同じ幕の内弁当を作っているのに、原価が変わるのでしょうか。このからくりは、材料費は常に200円かかっていますが、固定費はそのときの生産量で割って1個当たりの固定費を計算するからです。100個作ったときの原価は、201円（（100個×200円＋100円）／100個 or200円＋100円÷100個）になるからです。いくら生産量が増えても200円以下になることはありませんが、生産量が多くなれば、無限に200円に近づくことになります。

このことは、工場で原価を管理する上で重要なことです。製品の原価は工場の操業度によって差が出てくるからです。つまり、操業度の低い月（生産量が少ないと1個当たりの固定費が高くなる）は製品単位当たり原価が高く、高い月はその逆になります。

要点BOX

- 同じ製品を作っても生産数により原価が変わる
- 固定費は生産量で割って1個当たりを求める
- 工場の操業度が低くなると製品の原価が高くなる

生産量により変わる製品1個当たりの製造原価

(1) 生産量	(2) 単位当たり 変動費	(3) (1)×(2) 変動費	(4) 固定費	(5) (3)+(4) 製造原価	(6) (5)÷(1) 単位原価
1個	200円	200円	100円	300円	300円
10	200	2,000	100	2,100	210
100	200	20,000	100	20,100	201
1,000	200	200,000	100	200,100	200.1

同じ幕の内弁当でなぜ原価が違うのか?

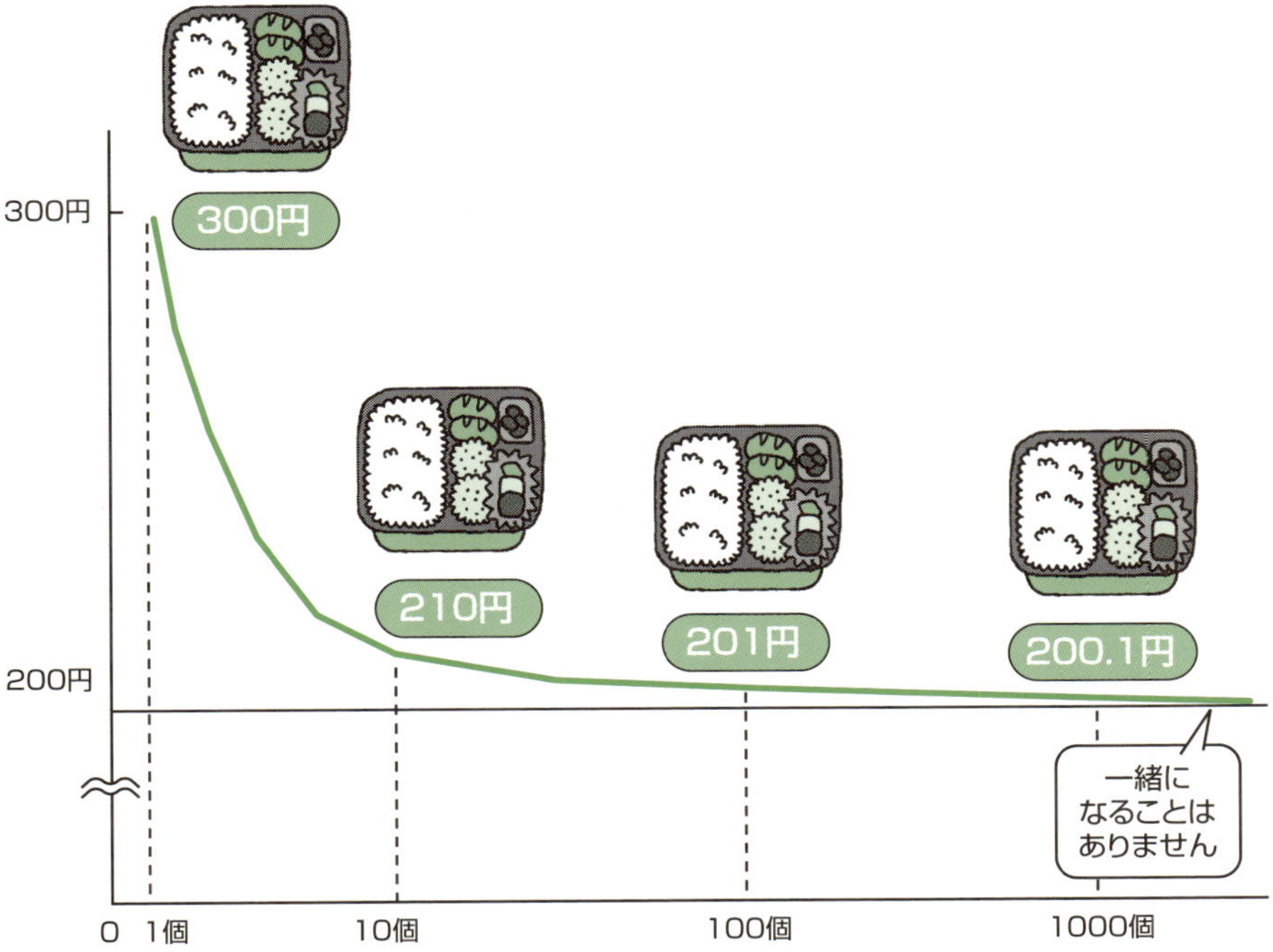

15 原価計算の種類

未来と過去の二つの計算方法がある

原価計算のやり方には大きく分けて、事前原価計算と事後原価計算があります。事前原価計算とは、生産する前（未来）に原価を計算することで、予定の原価を計算することです。事後原価計算とは実際に製品を生産した後（過去）で原価を計算することで、実際に製造にかかった原価を計算します。

実際原価計算では、製品を作った実際の発生費用がわかっているので、それを分けていきます。手順は、

- 製造原価の実際発生額を、まず費目別に計算する。Step1　費目別原価計算
- 次に部門別に計算する。Step2　部門別原価計算
- 最後に製品別に計算する。Step3　製品別原価計算

で集計し、最後に集計結果を製品別の実績生産数量で割って、単位当たりの原価を計算します。Step3　製品別原価計算には、総合原価計算と個別原価計算の二つがあります。

これに対し標準原価計算では、原価を積み上げていくやり方です。標準原価計算では製品を生産する前のため、実際原価計算と全く逆の手順で単位当たりの原価を計算します。これは、材料単価表（材料単価／kg・個）と加工費レート表（加工費レート／hr）を基礎資料としてあらかじめ準備しておき、原価計算をしたい製品の1個当たりの材料消費量と時間を求めます。標準材料費は「標準材料単価×標準材料消費量／個」（Step1）で計算し、標準加工費は「標準加工費レート×加工に要する標準時間／個」（Step2）で単位当たりの原価を計算します。標準原価計算では、原価データは見積原価計算に使用する実力値（平均値）ではなく、社内の管理に使うことが目的なので、あるべき姿のレベルで設定します。

標準原価計算で計算された単位当たり標準原価に実際の生産数量を掛け算して算定した部門別の標準原価（Step3）と、実際原価計算で算定した部門別実際原価と比較すると標準原価管理が実施できます。

要点BOX

●実際原価計算は製品を生産した後で原価を計算し、標準原価計算では製品を生産する前に原価を計算する方法

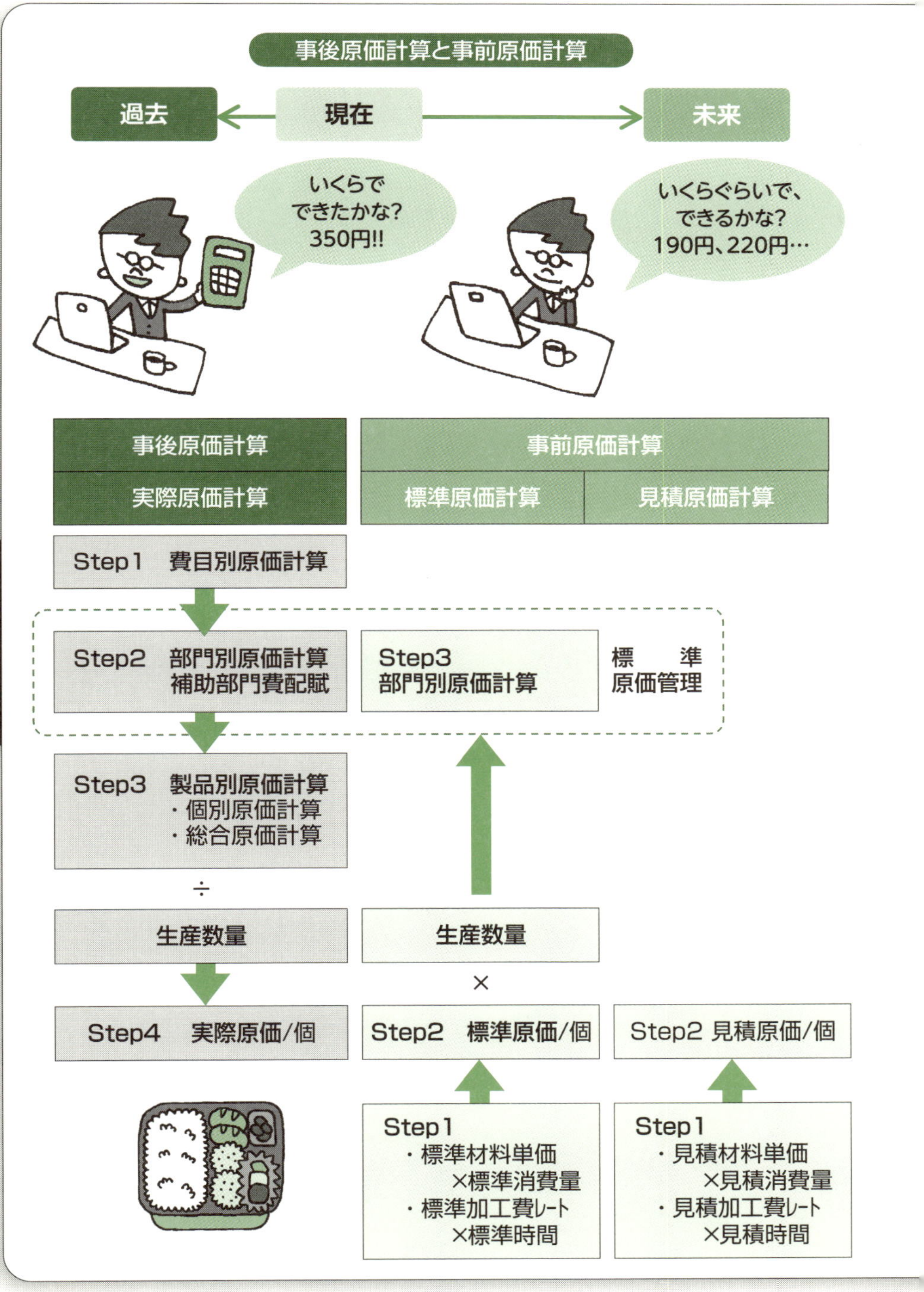
事後原価計算と事前原価計算
過去
現在
未来
いくらでできたかな?350円!!
いくらぐらいで、できるかな?190円、220円…
事後原価計算
実際原価計算
事前原価計算
標準原価計算
見積原価計算
Step1　費目別原価計算
Step2　部門別原価計算 補助部門費配賦
Step3 部門別原価計算
標準原価管理
Step3　製品別原価計算 ・個別原価計算 ・総合原価計算
÷
生産数量
生産数量
×
Step4　実際原価/個
Step2　標準原価/個
Step2 見積原価/個
Step1 ・標準材料単価 ×標準消費量 ・標準加工費レート ×標準時間
Step1 ・見積材料単価 ×見積消費量 ・見積加工費レート ×見積時間

16 材料費の見積もり方

材料単価と消費量の掛け算で求める

幕の内弁当の売れ行きが以前ほど好調でなくなってきたため、おかずの内容を検討していました。そこで一発逆転をねらい、新しいおかずのラインナップとして、焼き餃子を追加することを考えました。業者から冷凍餃子を購入して調理する方法もありますが、おかずの味にこだわる店としては、手作り餃子で勝負をかけることにしました。

そこで、おいしい手作り餃子を作るために、社員が有名な中華料理店を食べ歩いたり、社員の家庭の味などの情報をもとに試行錯誤を繰り返した結果、新しい餃子が完成しました。表は具材・調味料・皮の各材料と25個のレシピーを整理したものです。皮は市販のものを使うのではなく、最初から作るというこだわりようです。単価欄には、現在の取引先から最適な価格を調査した単価を記載してまとめました。実際に会社では、事前に単価マスターを作成しておき該当する材料の単価を検索して記入することになります。消費量については、食べやすい大きさ、見映えなどを検討し、最適な量を追求しました。

材料費の原価計算は、

・材料費＝材料単価／kg・個数×消費量（kg・個数）

で計算します。

例として豚ひき肉で原価を計算してみましょう。豚ひき肉の単価は1・18円／gに消費量の１５０ｇ／25個を乗じて１７７・００円と計算しました。以下の材料も単価の単位が違うだけで同様な計算を行っています。以上は餃子25個の計算なので、これを25個で割ると右列の1個当たりの消費量と金額が計算できます。豚ひき肉の1個当たりの消費量は6gで7・08円になります。ちなみに餃子1個当たりの具材は10・06円で材料費合計12・10円の84％を占めていて、豚ひき肉（7・08円）で59％、にら（1・96円）で16％、豚ひき肉とにらで材料費の全体の75％を占めています。豚ひき肉とにらの価格の管理の重要性がわかります。

要点BOX

- 材料単価は事前に単価マスターを作成しておく
- 材料費は「材料単価/kg・個数×消費量（kg・個数）」で計算できる

餃子の材料費

	材料	単位	円	25個当たり 消費量	円	1個当たり 消費量	円	
具材	豚ひき肉	1.18	1g	150g	177.00	6.00g	7.08	59%
	キャベツ	0.06	1g	200g	11.80	8.00g	0.47	>75%
	にら	0.98	1g	50g	49.00	2.00g	1.96	16%
	にんにく	32.67	1個	10g(1/6個)	1.31	0.40g	0.05	
	生姜	74.00	1個	10g(1/6個)	12.33	0.40g	0.49	
	小計					16.8g	10.06	84%
調味料	醤油	0.25	1cc	17g(大さじ1)	3.75	0.68g	0.15	
	ごま油	1.75	1g	7g(大さじ1/2)	12.22	0.28g	0.49	
	砂糖	0.23	1g	5g(小さじ1)	1.14	0.20g	0.05	
	料理酒	0.47	1cc	5g(小さじ1)	2.33	0.20g	0.09	
	片栗粉	0.40	1g	5g(小さじ1)	2.00	0.20g	0.08	
	塩	0.11	1g	2.5g(小さじ1/2)	0.28	0.10g	0.01	
	こしょう	7.95	1g	少々(0.5g)	3.98	0.02g	0.16	
	小計					1.68g	1.03	
皮	強力粉	0.30	1g	50g	14.95	2.00g	0.60	
	薄力粉	0.20	1g	50g	9.90	2.00g	0.40	
	薄力粉(打ち粉)	0.20	1g	適量(1g)	0.20	0.04g	0.01	
	塩	0.11	1g	2.5g(小さじ1)	0.28	0.10g	0.01	
	お湯			55g	0	2.20g	0.00	
	小計					6.34g	1.01	
合計						24.82g	12.10	100%

【豚ひき肉】

材料費 = 材料単価/kg・個数 × 消費量(kg・個数)

177.00円/25個 = 1.18円/g × 150g/25個

7.08円/個 = 177.00円/25個 ÷ 25個

17 重量のロスとは

重量のロスには歩留ロスと不良ロスがある

会社には餃子のレシピーに当たる製品別の部品構成表というものがあります。これは製品を製造する場合に部品や原材料の構成や必要な数量を明記したものです。部品構成表より部品構成を転記して、その消費量から餃子の材料費と同じやり方で計算をします。しかし、材料費の計算は完成した材料（完成材料）でなく、投入された材料（投入材料）で行う必要があります。完成材料は図面を見ればわかりますが、投入材料は図面に書いてないケースが多いのです。

通常、投入材料と完成材料の差が歩留ロスですが、その内訳は技術歩留ロス、製造歩留ロス、不良ロスの３種類があります。技術歩留ロスは現在の設計や作り方を前提にすると避けられない材料ロスで、部品を所要の形状に仕上げるために機械で削った切粉、成形した際のスクラップなどです。また、作る過程では材料の掴み代・切断代、気化・液化・設備付着などの避けられないロスが出ます。これらも技術歩留ロスで、標準重量とは技術歩留ロスを含んだ投入重量で計算をします。餃子に使うキャベツは調理段階で外皮や芯を取る部分、卵焼きの最初と最後のおかずに使用できない部分も技術歩留ロスに相当します。

餃子は１個24・82gが標準ですが、投入する具材の測定、野菜の水分量、調味料の加減などのバラツキで実際にはピッタリ標準どおりの餃子はできません。通常の規格では±３%の誤差は許容範囲とされていますが、食品業界ではプラスは許してもマイナス誤差は許さない会社が多いので、実際は標準重量より多く入っているのが実態です。そこに過剰に投入されたロスが発生し、これを製造歩留ロスと言います。

たとえば餃子を１０００個作った実際の重量が25,588gならば、製造歩留率は24.82g×1,000個÷25,588g＝97%、製造歩留ロス率は３%になります。さらに１０００個中５個の不良品があれば０・５%をプラスして合計３・５%の差が発生します。

要点BOX

- 技術歩留ロスは設計や作り方を前提にした避けられないロスである
- 製造歩留ロスは実際重量と標準重量の差である

材料の3つのロス

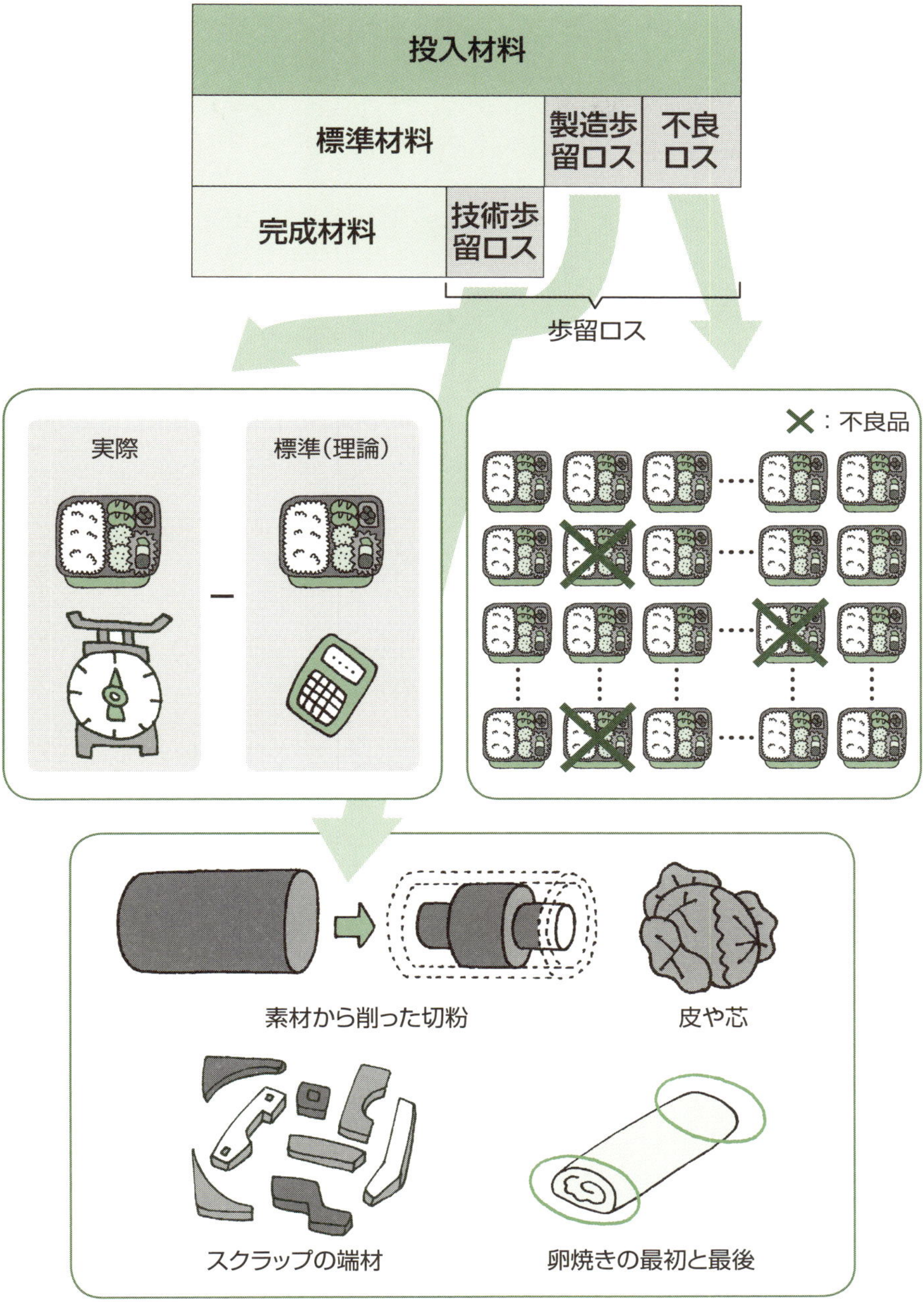
投入材料
標準材料
製造歩留ロス
不良ロス
完成材料
技術歩留ロス
歩留ロス
実際
標準（理論）
－
✕：不良品
素材から削った切粉
皮や芯
スクラップの端材
卵焼きの最初と最後

18 加工費の見積もり方

加工費レートと時間の掛け算で求める

材料費は、重量・個数に比例して原価が変わることを学びました。それでは加工費はどうでしょう。餃子を作る場合、幕の内弁当に入れる手作り餃子のように皮から作る場合と、市販の皮を使う場合とでは調理する時間に差ができます。

このように、加工費は工場で直接製造に携わった人の工数に比例していきます。

加工費の原価計算は、

・加工費＝加工費レート／工数（時間賃率／工数）×工数または時間

で計算します。

ここで、加工費レート／工数（時間賃率／工数）の設定のやり方について説明しましょう。アルバイトの募集に、時給850円とか900円を目にします。これは1時間その職場で働くともらえるお金です。工場では製品を作るために人が働き、設備や電気を使い原価が発生しています。加工費レートとは、工場で製品を作った場合、材料費以外の時間当たりいくらの原価が製品にかかったかを表す単価なのです。

弁当工場の製造原価報告書を見ると、材料費の200万円を除いた労務費と製造経費を合計で年間400万円（300万円＋100万円）の加工費がかかっています。加工費レートはこの原価を使って計算していきます。実際に弁当を作っている作業者の就業工数は、タイムカードの工数を1年間集計してみると、2000時間でした。

したがって加工費レートは、加工費400万円を就業工数2000時間で割って、時間当たり2000円と求めます。加工費レートの設定にあたり注意すべきことは、割る工数は工場の間接部門の人の工数は含めず、直接製品を作るために携わった人の直接工数のみを集計する点です。みなさんの工場で製品を作ると加工費が1時間当たりいくらかかるか一度調べてみてください。

要点BOX

- 加工費は「加工費レート/工数(時間賃率/工数)×工数または時間」で計算できる
- 加工費レートは単位時間当たりの加工費の単価

加工費レートの計算方法

製造原価報告書　単位万円
平成xx年4月1日〜平成xx年3月31日

材　料　費		
期首材料棚卸高	10	
当期材料仕入高	210	
計	220	
期末材料棚卸高	20	200
労　務　費		
給　　料	200	
賞　　与	70	
福利厚生費	30	300
製 造 経 費		
水道光熱費	30	
賃　借　料	50	
減価償却費	12	
修　繕　費	6	
消 耗 品 費	2	100
総製造費用		600
期首仕掛品棚卸高		4
期末仕掛品棚卸高		−4
当期製品製造原価		600

200 → 200万円

300 + 100 → 400万円

材料費直接費として製品別に計算

加工費間接費として製品別に計算

$$\text{加工費レート} = \frac{\text{加工費：400万円}}{\text{直接工数：2,000時間}} = \text{2,000円/時間}$$

実際に弁当を作った作業者の合計時間

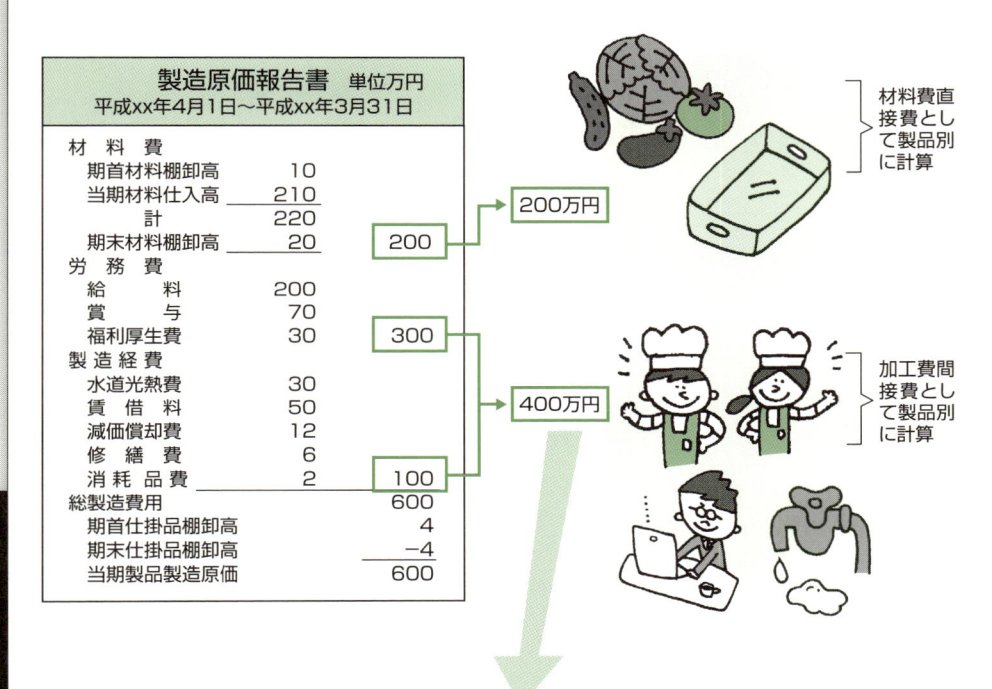

19 設備費・開発費の見積もり方

期間や生産量により費用を配分する

　幕の内弁当を作るためには、材料や人も必要ですが、フライを揚げたり、卵を焼いたり、ご飯を炊いたり、または冷蔵保存するための厨房設備が必要です。原価計算するには、この厨房設備をどのように計算すればよいのでしょうか。

　厨房設備は、製造経費の中の減価償却費に分類されます。設備などは、長い間使っているとしだいにその価値が減っていきます。したがって、設備を買ったときにかかった金額（取得価額）は、それを買った年の費用とするのではなく、使用できる期間（耐用年数）に費用として配分して、使用した分だけ設備の価値が減るという計算をします。このような会計手続きを減価償却と言います。「減価償却は取得価額を、耐用年数または利用度に応じて、使用する各期間に費用として配分する手続き」です。

　取得価額60万円、耐用年数5年の厨房設備であれば、減価償却費は12万円／年です。厨房設備も年間で2000時間稼働すると、1時間当たり60円／時間の減価償却費になります。

　新しい幕の内弁当を開発することが決まり、研究員の高橋さんが5日間かけ試行錯誤を繰り返しながら新商品を開発し、開発費は10万円かかりました。開発費には、基礎研究のように将来どの製品に応用されるかわからないものから、具体的に固有の製品に対し明確なものまであります。このケースの開発費は新しい幕の内弁当という固有の固定費なので、製品別に直接費として把握することができます。

　単位当たり設計開発費を計算するには、図に示すように設計開発費を生涯生産量で割って求めます。新しい幕の内弁当を1万個売ろうと計画した場合には、単位当たり設計開発費は10円（10万円÷1万個）となり、新しい幕の内弁当の原価に1個当たり10円の設計開発費がプラスされていきます。弁当が多く売れれば原価は安く、売れなければ高くなるしくみです。

要点BOX

●減価償却は取得価額を使用する各期間に費用として配分する手続き

減価償却費の計算方法

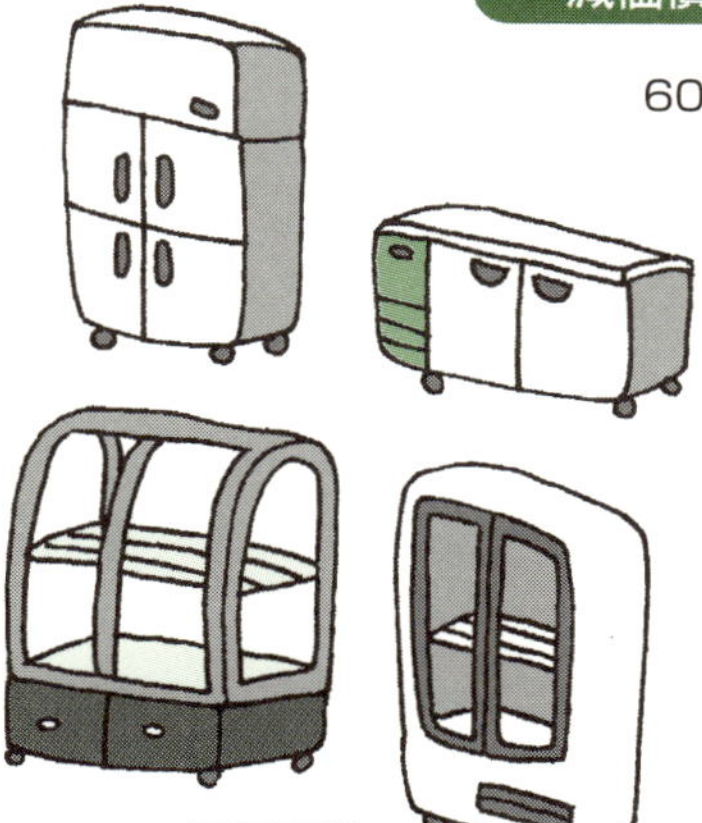

厨房設備

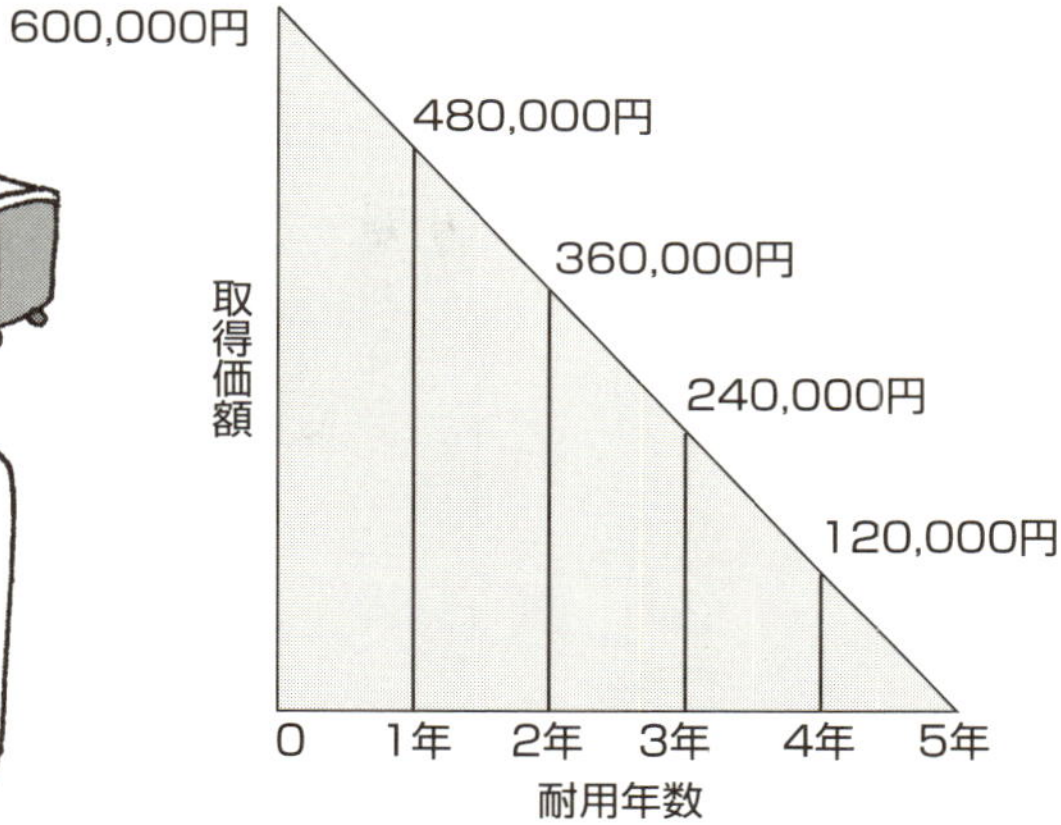

年間減価償却費 ＝ 取得価額 ÷ 耐用年数
120,000円/年 ＝ 600,000円 ÷ 5年

時間当たり減価償却費 ＝ 年間減価償却費 ÷ 年間稼働時間
60円/時間 ＝ 120,000円/年 ÷ 2,000時間

開発費の計算方法

$$\text{単位当たり設計開発費} = \frac{\text{設計開発費}}{\text{生涯生産量}}$$

$$\text{10円/個} = \frac{\text{100,000円}}{\text{10,000個}}$$

＋
10円

20 工程設計のやり方

部品構成表から加工する工程を設計する

加工費は「加工費レート／工数（時間賃率／工数）×工数または時間」で計算するので、加工費を求めるには時間見積りが必要になります。引き続き、餃子の例で時間を見積もってみましょう。工数または時間を見積もるには次の手順で行います。

1 製品の部品構成を作成する
2 単品ごとに工程を作成する
3 作業手順を作成する
4 加工時間を見積もる

工数・時間見積もりは材料費の見積もりで使った部品構成表からスタートします。図のように餃子は具と皮で構成され、具はさらに肉・調味料、野菜に分けられています。部品構成表で部品が集まるところには、必ず組立工程や加工工程が発生します。つまり、具を皮でヒダをつけて包む工程、水を加えてゆでる工程、餃子を焼く工程があります。そして、部品構成が調味料のような購入品でない限り1部品を作るために加工工程が発生します。具はあらかじめ計量をしてこねた肉に調味料を加えてこねたものと、計量をしてみじん切りにして水分をとった野菜を「こねる」工程があります。皮は計量をした強力粉・薄力粉などにお湯を入れ、こねたものを棒状に成形し寝かします。最後に、1個の餃子の大きさに分割して円形状に延ばします。

このように、工数・時間見積もりを行うには、部品構成表を作り一つひとつの部品がどのように姿を変えていくかを追うことにより工程が見えてきます。

この工程を作る作業を工程設計と呼びます。そのとき、その工程を人で行うか設備で行うかの選択が必要で、人の場合はその工程にあった人の選択も大切ですが、設備の場合はさらにどの能力の設備を使うかを選択していきます。工程設計において、高い設備は慎重に行う必要性は言うまでもありません。

要点BOX

- ●工数・時間見積もりはまずは部品構成表を作る
- ●部品が集まるところには組立工程や加工工程が発生する

餃子を皮から作る工程

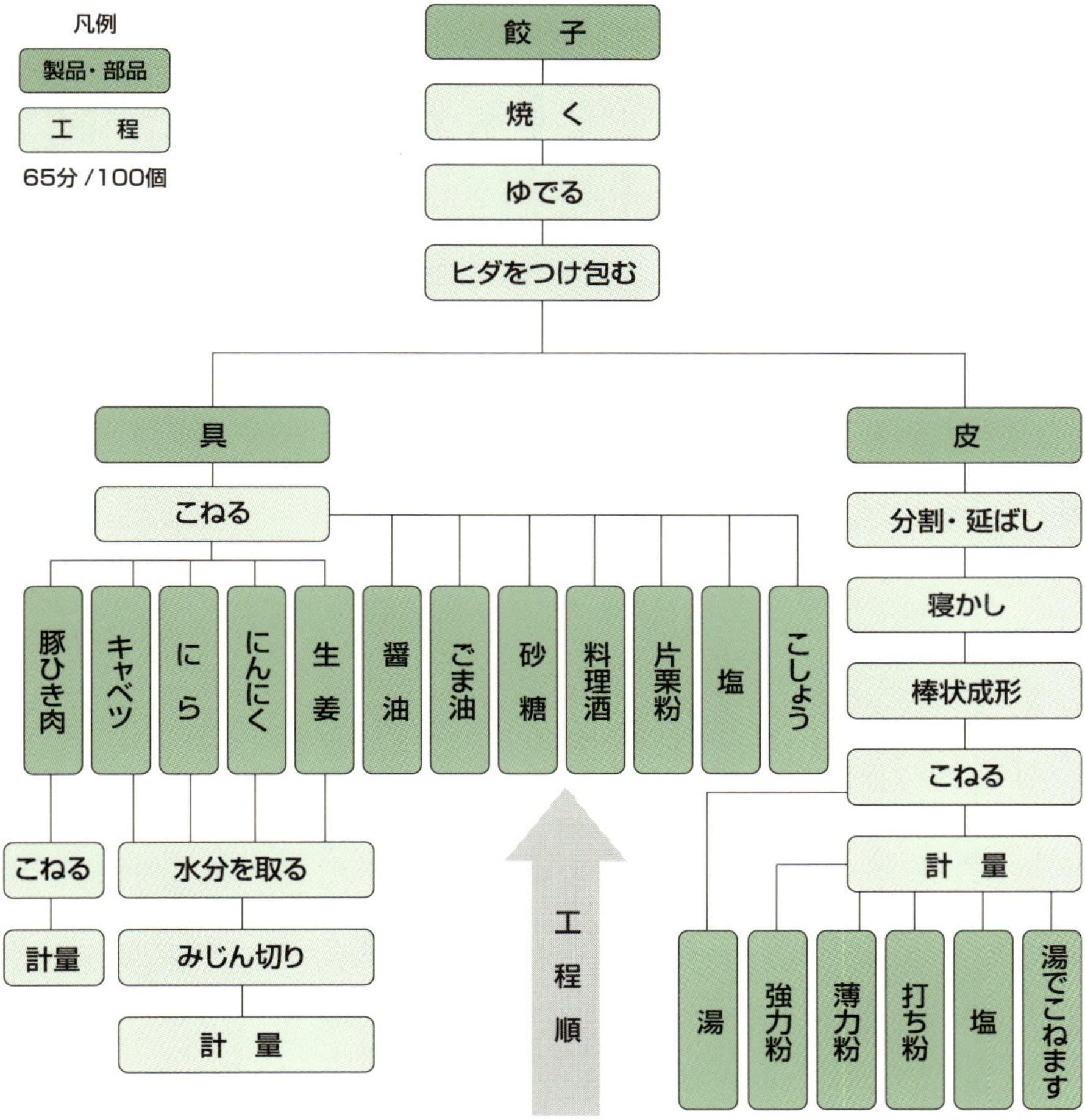
凡例
製品・部品
工　程
65分 /100個
餃　子
焼　く
ゆでる
ヒダをつけ包む
具
こねる
豚ひき肉
キャベツ
にら
にんにく
生姜
醤油
ごま油
砂糖
料理酒
片栗粉
塩
こしょう
こねる
計量
水分を取る
みじん切り
計　量
工程順
皮
分割・延ばし
寝かし
棒状成形
こねる
計　量
湯
強力粉
薄力粉
打ち粉
塩
湯でこねます

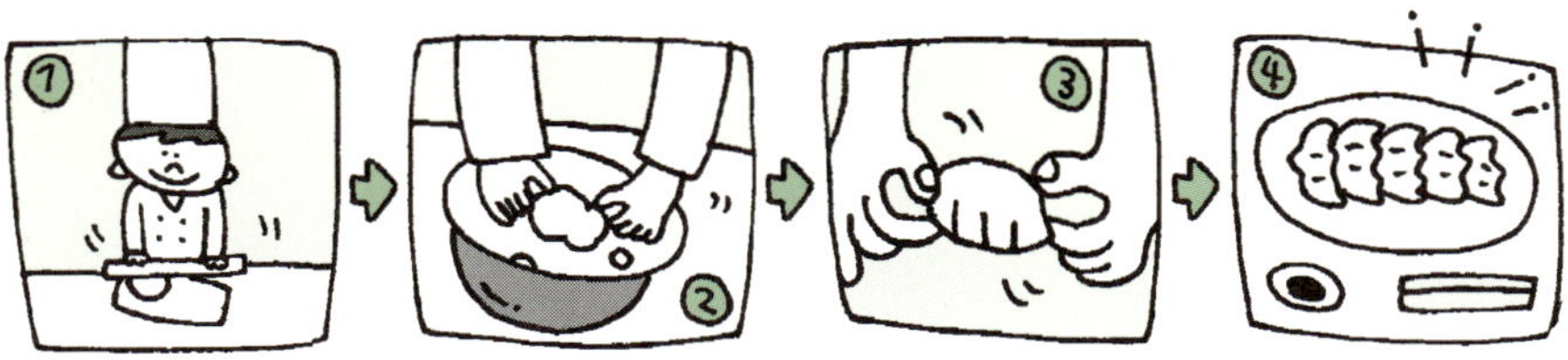
①
②
③
④

21 作業時間の見積もり方

作業手順を決めると時間値が算定できる

工程設計の次は、作業方法・手順を決める作業設計です。作業設計は、〝餃子を皮から作る工程〟の各工程の加工費が、最も安くなる順番に並べて作業手順を作成することです。ふつう、最も安い加工費は最も短い工数・時間でできる作業手順なので、これを標準作業手順としています。みなさんの現場には標準作業手順書があると思います。慣れない作業者は最初のうちは、標準作業手順書を見ながら作りますが、慣れてくると手順を覚えているのでだんだん見なくなる傾向にあります。

しかし最近の作業現場は、多能工化や非正規社員の採用などが増えているため、標準作業手順書の役割は重要です。作業の手順を正確に伝えるためには、ビデオなどの動画やビジュアルな写真などを駆使して、誰でもが簡単に理解できる工夫が求められています。餃子では、野菜はみじん切りにした後、水分をしっかりとって肉と一緒にこねることや皮を作る際の加水はお湯で行うなどがポイントであり、おいしく作るための手順を標準作業手順書に明記しておくとよいでしょう。図は餃子のおいしい焼き方の標準作業手順書です。

ポイントとしては、

・フライパンに間隔を開け餃子を並べる
・水を入れ、中火～強火で3～4分焼く
・火を止め油切りをし、ごま油をかける

などです。

作業手順が決まったら、それぞれの作業にどれくらいの時間が必要かを見積もり、労務費と製造経費で構成されるレートに、調理に必要な工数・時間を掛けることにより、加工費を計算していきます。１００個の餃子を作るのに要した時間は65分で、これに30円／分のレートを掛け、1個当たりの加工費は、19・50円（65分×30円／分÷１００個）となりました。

要点BOX

●作業設計は最も安くなる順番に並べて作業手順を作成すること
●標準作業手順書には作業のポイントを明記する

おいしい焼き餃子の焼き方

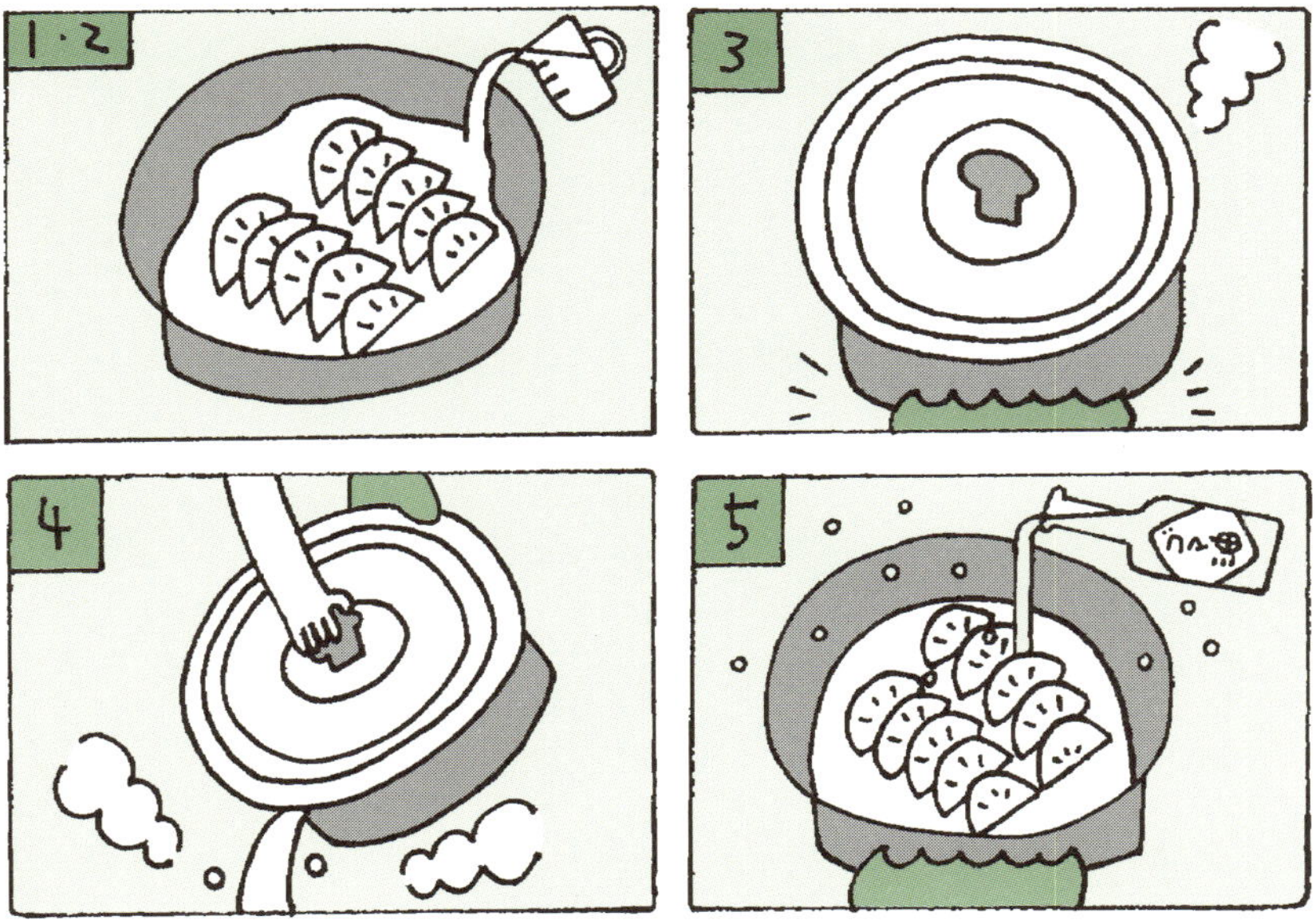

おいしい餃子の焼き方　標準作業手順書

① 油を薄く敷いたフライパンに、餃子を置く
　・餃子と餃子をピッタリとくっつけずに5mmほど間隔を開ける
②水を150cc入れる
　・餃子か動かないようにそ～っと水を入れる
③ふたをして火をつける
　・中火～強火で、3分30秒～4分焼く
④火を止めて、お湯を切る
　・ふたをしたままふたを少しずらし、餃子が落ちないように湯切り
　（やけどに注意!）
⑤餃子の上からごま油をかける
　・油の量は餃子1個の上から油1～2適が目安
　・焼き時間は中火で約1分
⑥へらで取って、お皿に盛って出来上がり!

加工費	＝加工費レート/工数 （時間賃率/工数）	×工数または時間
1,950円 /100個	＝30円/分	×65分
19.5円/個	＝1,950円/100個	÷100個

Column

100円ショップはどうやって儲けているのか

最近、100円ショップは大型店が増え、品揃えも日曜雑貨はもちろんのこと生鮮食料品まで揃っています。しかし、「どうしてこれが100円で売れるのか」「原価がいくらになっているのか」「本当に何で儲けているのか」「もしかしたら倒産した会社から安く払い下げたものを売っているのか」……など、疑問が湧いてきます。

そこにはいろいろなからくりが潜んでいるのです。たとえば、

■提供するメーカーは、海外生産により人件費の安い場所で大量生産する

大量生産のほとんどは、中国やベトナムなどのアジアを中心に生産しています。

■商品をメーカーから100円以下で大量に仕入れる

大量に仕入れるということは、供給する側は大量生産になり、売る側は大量販売になります。この循環がうまく回ると、100円ショップの力を発揮します。

■商品の作り方と構造を工夫する

最近、自動車をはじめあらゆる製品がモジュール化の方向へ向かっています。100円ショップの商品も例外ではありません。モジュール化のメリットは、作る側では大量生産が可能となり、お客様に対しては個人個人の好みに答える商品を提供することができるすぐれものです。

たとえば、傘であれば布地を赤・青・黄・緑の4種類、骨の構造を普通の傘・二つの折り畳み・三つの折り畳みの3種類を用意します。すると12通り（4色×3構造）の傘ができて、作る上で用意するものは7種類（4色＋3構造）で済むことになります。

原価を考えるには、作り方だけでなく、製品の設計の工夫も忘れてはいけません。100円ショップを参考にして、これらのノウハウを職場にも応用していきたいものです。

第3章

原価管理で誰がコストを下げるのか

22 原価情報の出し方

“誰に、何を、いつ、どれくらい”の明確化

原価を管理することに限らず、管理するしくみには基本的な見方が必要になります。そのためには、見せる情報を次に示す四つの角度から明確にすることが大切です。

①誰に情報を出すか：管理対象

原価の情報を見る人は、社長から一般の従業員まで幅広くいますが、上位に行くほど全体の情報が必要になり、その明細は人別に区分されていることが大切です。一方、下位の人は自分の仕事の責任範囲である部分情報が必要で、明細はアクションがとれる項目別に見ることが大切になります。

②何の情報を出すのか：管理目的

情報は使う目的に併せて、体系だった情報を出す必要があります。上位の人はお金に関する情報を、下位の人は品質、納期、生産性向上などの物量値のアクションに結びつく情報が必要になります。物量値とは、品質では不良率、納期では納入率、生産性向上では標準時間を基準とした生産性指標などを言います。

③いつ情報を出すのか：管理サイクル

情報にはそれを使う人、使い方によって、必要なサイクルとタイミングがあります。社長の見る情報は長期のサイクルで月単位の進捗、部課長は月サイクルで週の進捗、係長は週サイクルで日の進捗、そして、一般の従業員は実際に手を打つ人なので、アクション項目別の情報をタイムリーに見ています。

④どれくらい情報を出すか：管理基準

情報を見た人が、良い悪いの判断ができなければ、アクションにつながりません。情報の集計方法には、評価とアクションがあり、人別に何と比較するかが大切になります。評価では何が良いか悪いかの判断ができ、アクションでは何に手を打てばよいかがわかることが必要です

要点BOX

●原価を管理するには管理対象・管理目的・管理サイクル・管理基準の基本的な四つの情報が必要になる

アウトプット情報の4つの視点

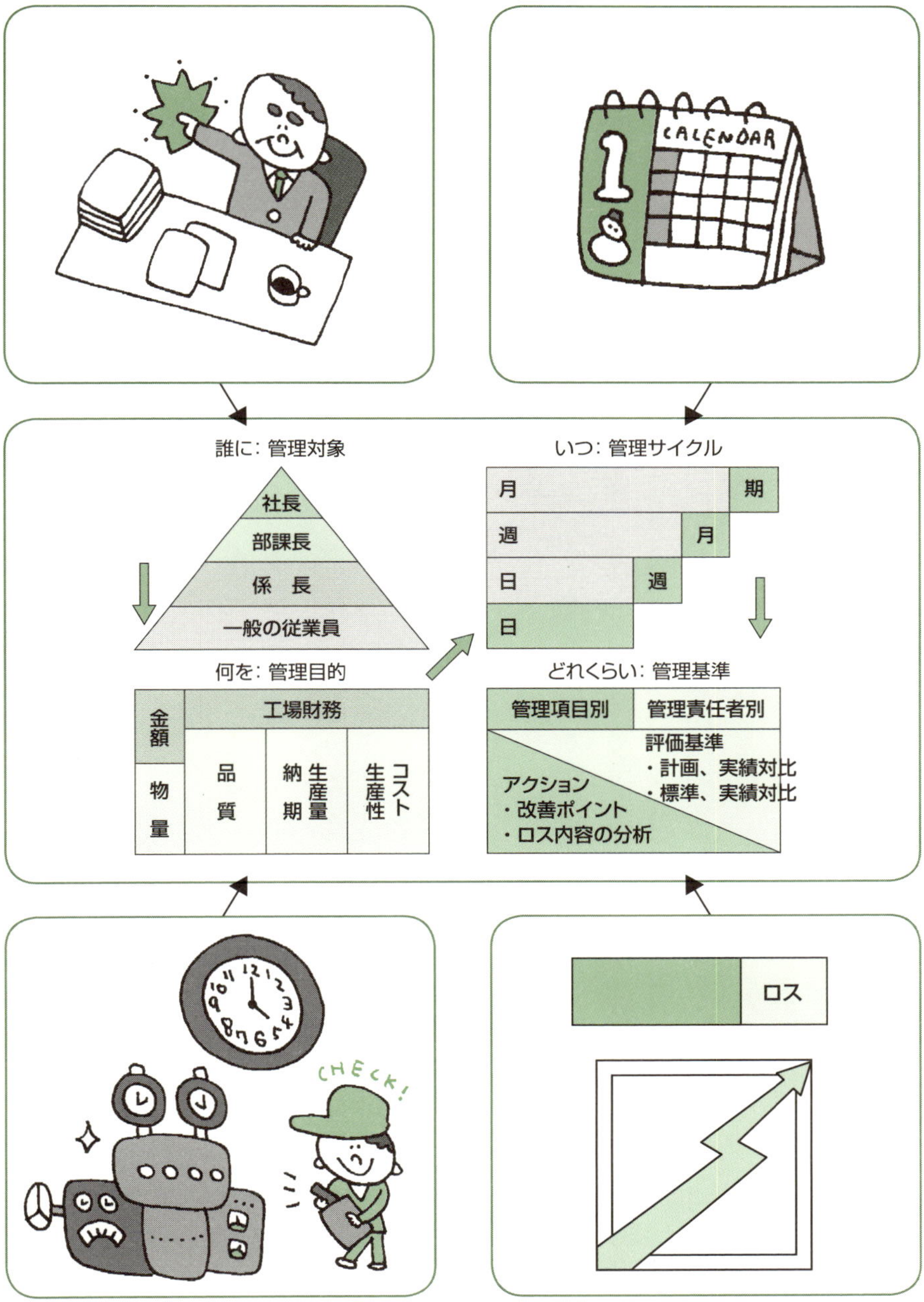
CALENDAR
1
誰に：管理対象
社長
部課長
係　長
一般の従業員
いつ：管理サイクル
月
期
週
月
日
週
日
何を：管理目的
金額
物量
工場財務
品質
生産量
納期
コスト
生産性
どれくらい：管理基準
管理項目別
管理責任者別
評価基準
・計画、実績対比
・標準、実績対比
アクション
・改善ポイント
・ロス内容の分析
CHECK!
ロス

23 組織は役割分担を規定

原価の管理責任単位はコストセンター

会社は人数が増え規模が大きくなると、だんだん仕事を分担するようになります。つまり、人に仕事が、仕事に人があり、人と仕事の関係は一対一になってきます。組織は役割分担を表すもので、その体系が会社の組織図になっています。

役割分担のやり方には、横の分業と縦の分業があります。横の分業は、品質管理課、生産管理課、製造課、技術課、総務課などのように、役割を機能別に分けることであり、この分業の活動単位になっています。この活動単位は、それぞれの異なる役割の部署ごとに設定された「最小の原価管理責任単位（コストセンター）」と言われています。図では、緑色のついているところが最小の原価管理責任単位になります。

通常、製造などの直接部門は課の下の係長レベルを、その他の間接部門については課長レベルを原価管理責任単位とします。これは一般に製造は他部門より人員が多いため、課の下の係レベルで原価を管理するからです。管理する情報は、管理責任単位に集計することが必要になります。組織は役割の異なる部門から成り立っているので、図のような組織図から検討していくとわかりやすいでしょう。

組織の縦の分業では、工場長や製造部長など組織の上位の人は、工場運営や計画意思決定などの例外的な仕事を受け持ち、繰り返し行われる日常の仕事は部下に任せています。責任（何をすべきか）と権限（何ができるか）は、自分自身がアクションをとらなければならない保留責任と、部下に責任と権限を任せ、それを監督指導しなければならない監督責任に分かれます。上位の管理者は監督責任が多くなります。

情報は「誰が見るか」を組織に合わせて、部長→課長→係長→一般の従業員というように階層別に情報を出すことが重要です。アクションとその評価は、下位のレベルまで下せば下ろすほど効果的になります。

要点BOX

- ●会社の規模が大きくなると仕事を分担する
- ●横の分業とは役割を機能別に分けること
- ●縦の分業には保留責任と監督責任がある

工場の組織図と原価の管理責任単位

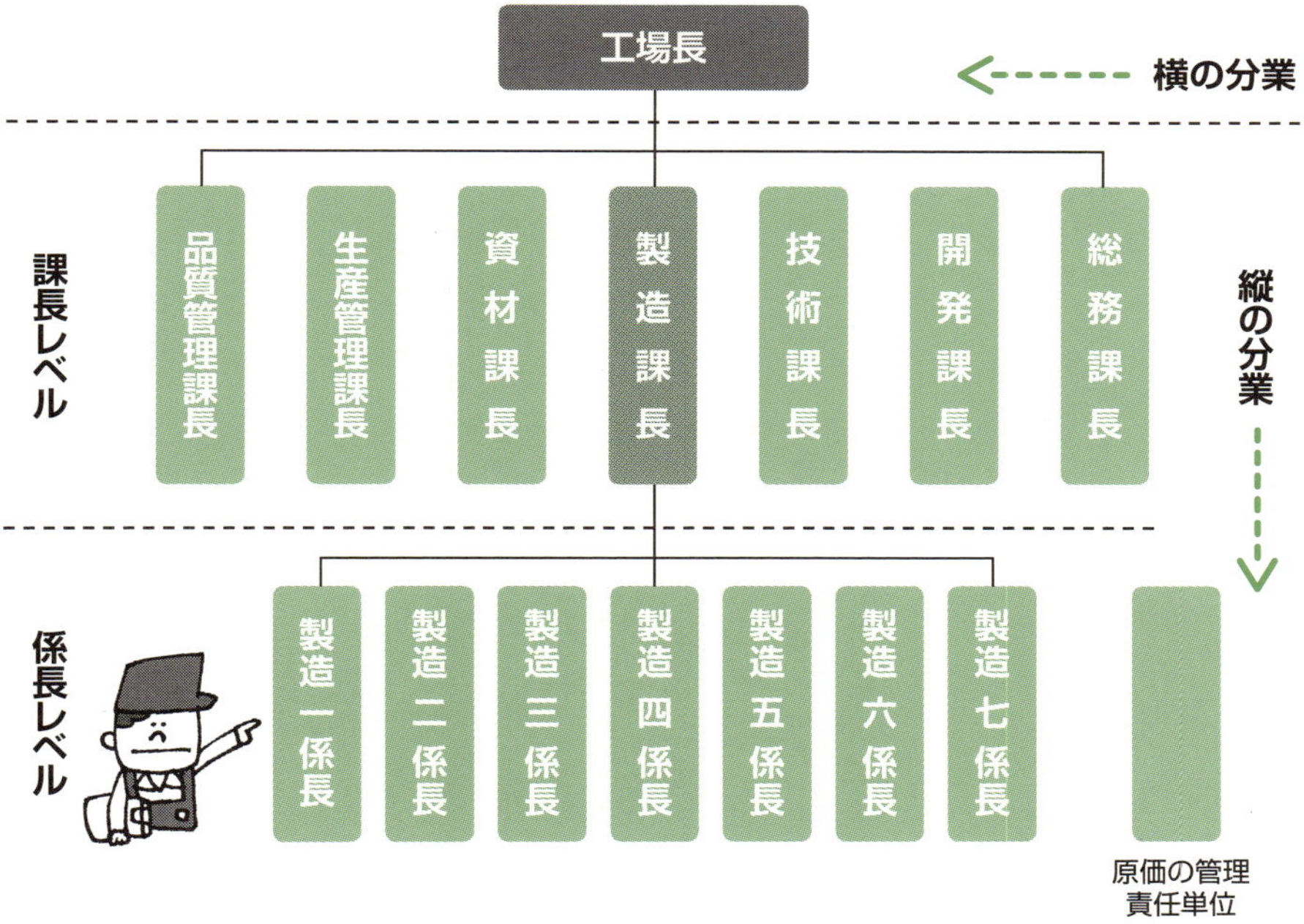

保留責任と監督責任

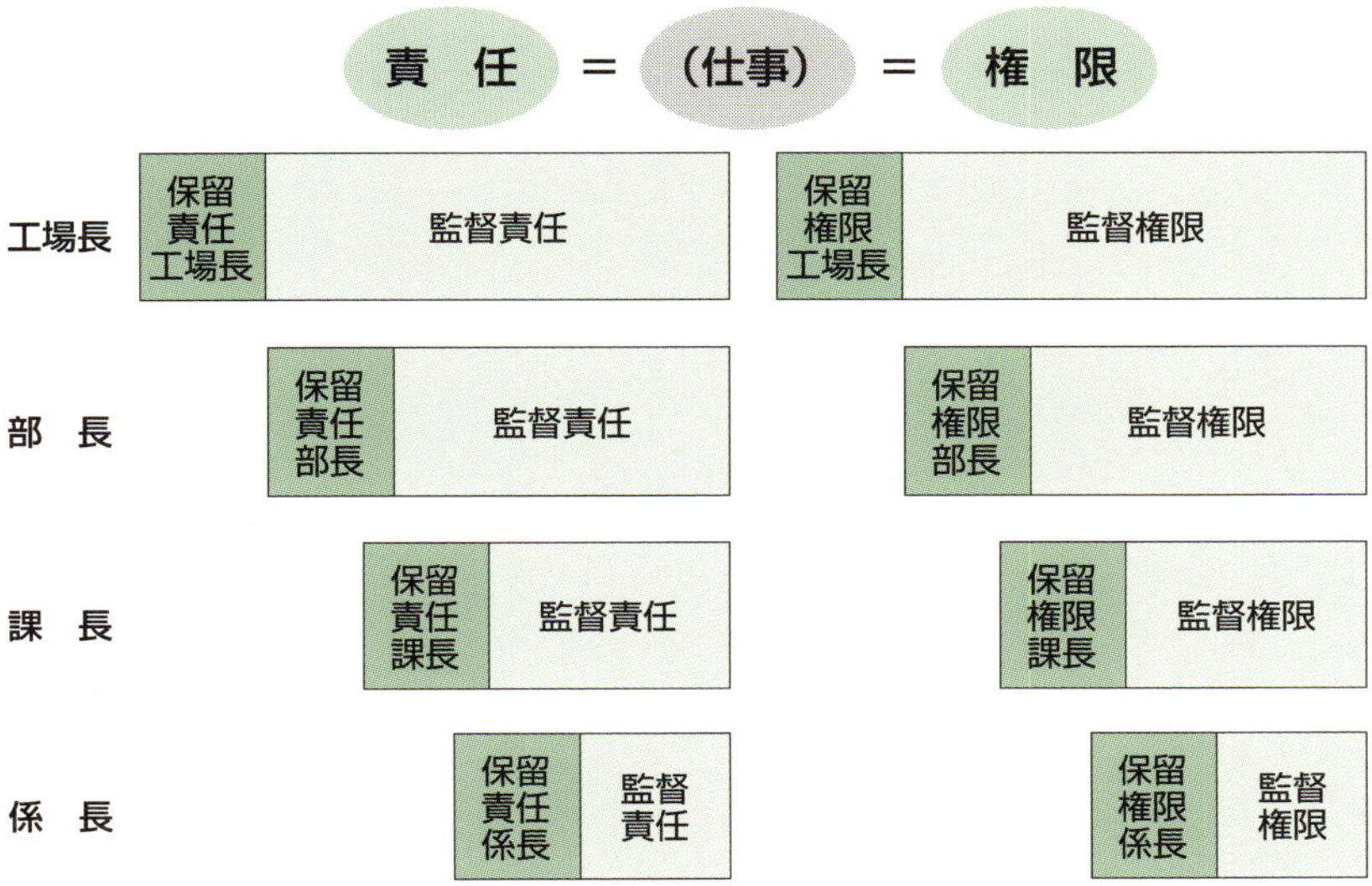

24 コストダウンの役割分担

改善活動は技術部門、管理活動は製造・管理部門の役割

図は時間の経過にしたがって、生産活動により工場で発生する実際原価が低減し、その中で、コストダウンには改善と管理の二つのやり方があることを示しています。技術部門は製品別の改善活動によって、製造・管理部門は工程別の管理活動によって、コストダウンを行います。

改善は、技術部門が部品点数の少ない製品を設計したり、最小工程・最小工数でできる工程を設計する活動です。一方、管理は製造・管理部門が、現在の仕事のやり方を前提にして、それに必要な生産要素（材料、人、設備、エネルギー）の管理水準を標準という形で明らかにし、標準に到達しない範囲を管理していく活動です。これは、各管理者が自分の担当している仕事を効率的に行う、管理努力によって達成できるコストダウンです。原価には、改善により作り込む原価と管理する原価があるということです。

改善と管理によるコストダウンの違いを、標準原価を使って分けることができます。改善すれば標準原価自体が下がり、「改善前の標準原価（旧標準原価）マイナス改善後の標準原価（新標準原価）」でその成果を測ることができます。たとえば工程間の部品の運搬において、バケットに部品を入れ、手で数回に分けて行っていたものを、台車に乗せ一回で運んだ結果、トータル時間が半分になったとすれば、この時間が改善成果になります。

一方、管理活動の成果は、「標準原価マイナス実際原価」の差が少なくなったことで測ることができます。たとえば、機械故障が原因で手待ちが発生していたとします。管理者は常に職場の稼働率を上げることを考えなければなりません。そこで、作業者をいち早く別の機械につけて手待ちをなくすことで、稼働率が向上しこれが成果になります。こうして、技術部門で行う改善と製造・管理部門で行う管理の責任を数値で分けることができます。

要点BOX

- 改善活動は仕事のやり方を変えること
- 管理活動はムダを排除していくこと

二つあるコストダウンのやり方

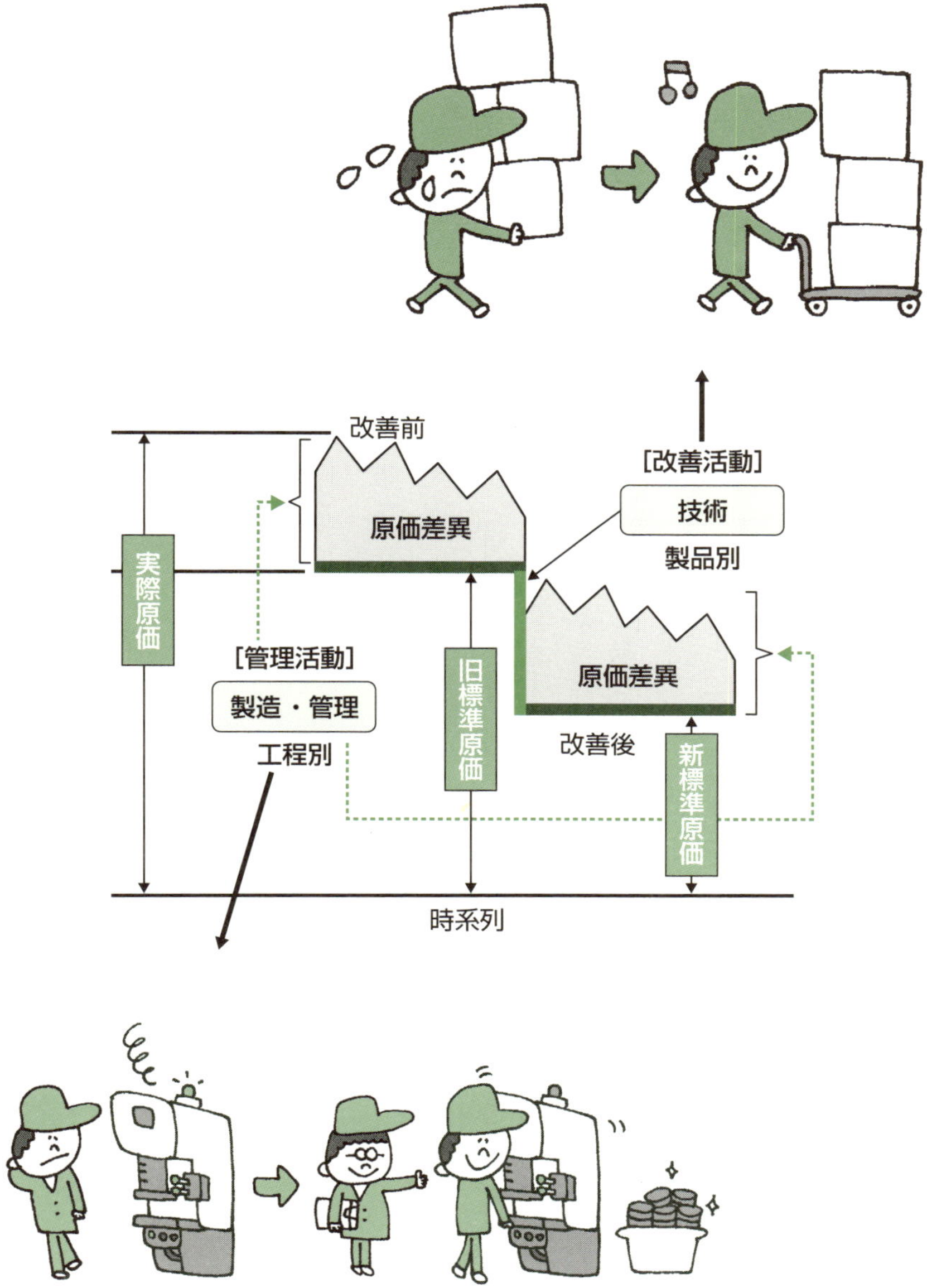

25 二つある原価管理

技術は原価企画、製造は標準原価管理

コストダウン活動には改善活動と管理活動の二つがありました。改善活動は、技術部門が中心となって製品別にコストダウンにチャレンジします。進め方は、まずこの製品をお客様がいくらなら買ってくれるという目標売価を決定します。次に会社として利益をいくらとるかという目標利益を差し引くと、目標原価が計算されます。

工場では、この目標原価に近づけるために、設計技術者は最適構造の製品設計を、ライン設計をする生産技術者は最適ラインの工程設計を行います。このようにして技術部門で材料、人、設備、エネルギーの四つの最適な組み合わせを作ります。最適な組合せができると、それが現在の技術としての最低の製造原価であり、それを「標準原価」と設定します。この一連の活動が技術部門の原価管理であり、一般的には『原価企画』と呼ばれています。この「標準原価」は達成が期待される原価として、製造部門へバトンタッチされます。ここまでの流れは実際にまだ製品を作っておらず、図面で検討された予想の段階になります。

これに対し、管理活動は製造部門が中心となり工程別にコストダウンにチャレンジしていきます。技術部門からバトンタッチされた「標準原価」を達成するために、改善活動の結果をもとに実際の生産活動を行います。生産活動の結果、完成した製品は「実際原価」で評価します。活動の結果、標準原価が実際原価と同じであれば、生産活動の管理活動が順調に行われたことを示します。この一連の活動が製造部門の原価管理であり、一般的には『標準原価管理』と呼ばれています。

このように、技術部門での原価管理活動と製造部門での原価管理活動には違いがあり、両者のコストダウン活動を区分するのは「標準原価」です。

要点BOX

●技術部門の原価管理活動は目標原価に近づける活動で、製造部門の原価管理活動は標準原価に近づける活動

技術部門と製造・管理部門の役割

技術部門
原価企画

いくらで作らなければならないか
目標売価 − 目標利益 ＝ 目標原価
10,000円 2,000円 8,000円

製造・管理部門
標準原価管理

製造・管理部門の目標は
標準原価＝実際原価

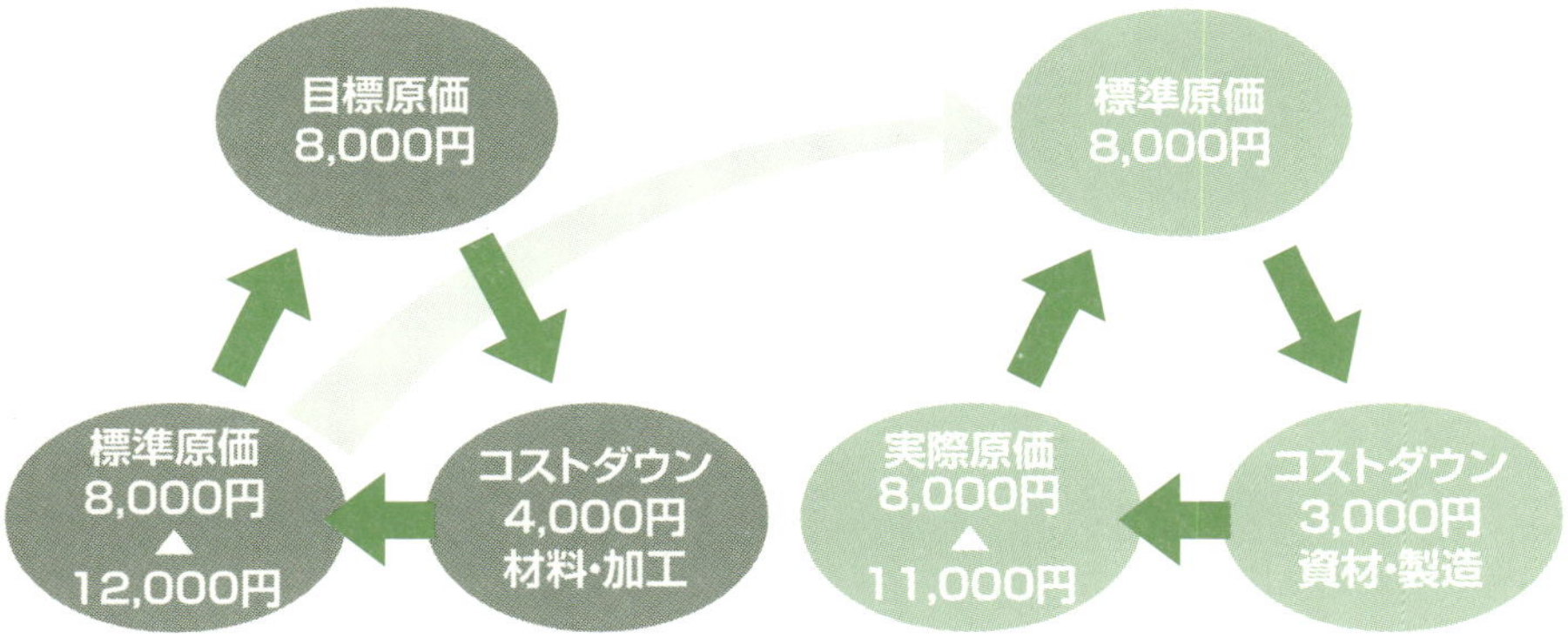

現状の設計・生産方法で12,000円かかる
材料費と加工費で4,000円のコストダウン

製品別アプローチ

現状の実力で作ると11,000円かかる
資材と製造部門で3,000円のコストダウン

部門別アプローチ

26 標準は責任を分ける

実際原価と標準原価の差の要因は単価と消費量で考える

技術部門から提示された標準原価に対し、この標準原価に近づける活動が製造・管理部門の役割とすれば、これをさらに製造と管理の役割に分けることができます。図は標準原価と実際原価を比較したものです。製造・管理部門において標準原価と実際原価との差が生じたとき、原因が何であるかを調べるために単価と消費量の二つに分けて考えていきます。標準単価と実際単価の差に実際消費量を掛けたものを価格ロスといいます。たとえば、単価100円／kgで買える材料を110円／kgで100kg購入したとすれば、価格ロスは1000円（（110円／kg－100円／kg）×100kg）となり、この責任は資材管理部門になります。価格ロスは購入業者との単価交渉を行い、なくしていきます。

一方、標準消費量と実際消費量の差に標準単価を掛けたものを消費量ロスといいます。標準消費量が80kgで済むところを100kg使ってしまった場合、消費量ロスは2000円（（100kg－80kg）×100円／kg）となり、この責任は製造部門になります。さらに、製造部門で発生する材料の消費量ロスは歩留ロスと不良ロスに細分化することができます。歩留ロスは、製品1個の中に含まれる材料が規格より多いときに発生するロスです。一方不良ロスは、現場でしか発生しませんが、現場でアクションがとれるものは、作業者の不注意や技量不足による不良です。製造部門において、消費量ロスの歩留ロスと不良ロスの低減は重要です。

いずれにしても、工場で発生するすべての原価を誰かの責任に割り当て、それぞれのロスに応じた適切なアクションを打っていきます。原価責任とは、各管理者が「どの原価が管理できるか」とするアクション主体の責任区分です。つまり、標準原価は、責任区分をするために作られているのです。

要点BOX

- ●価格ロスの責任は資材管理部門
- ●消費量ロスの責任は製造部門
- ●標準原価は責任区分をするためにある

原価ロス分析の基本

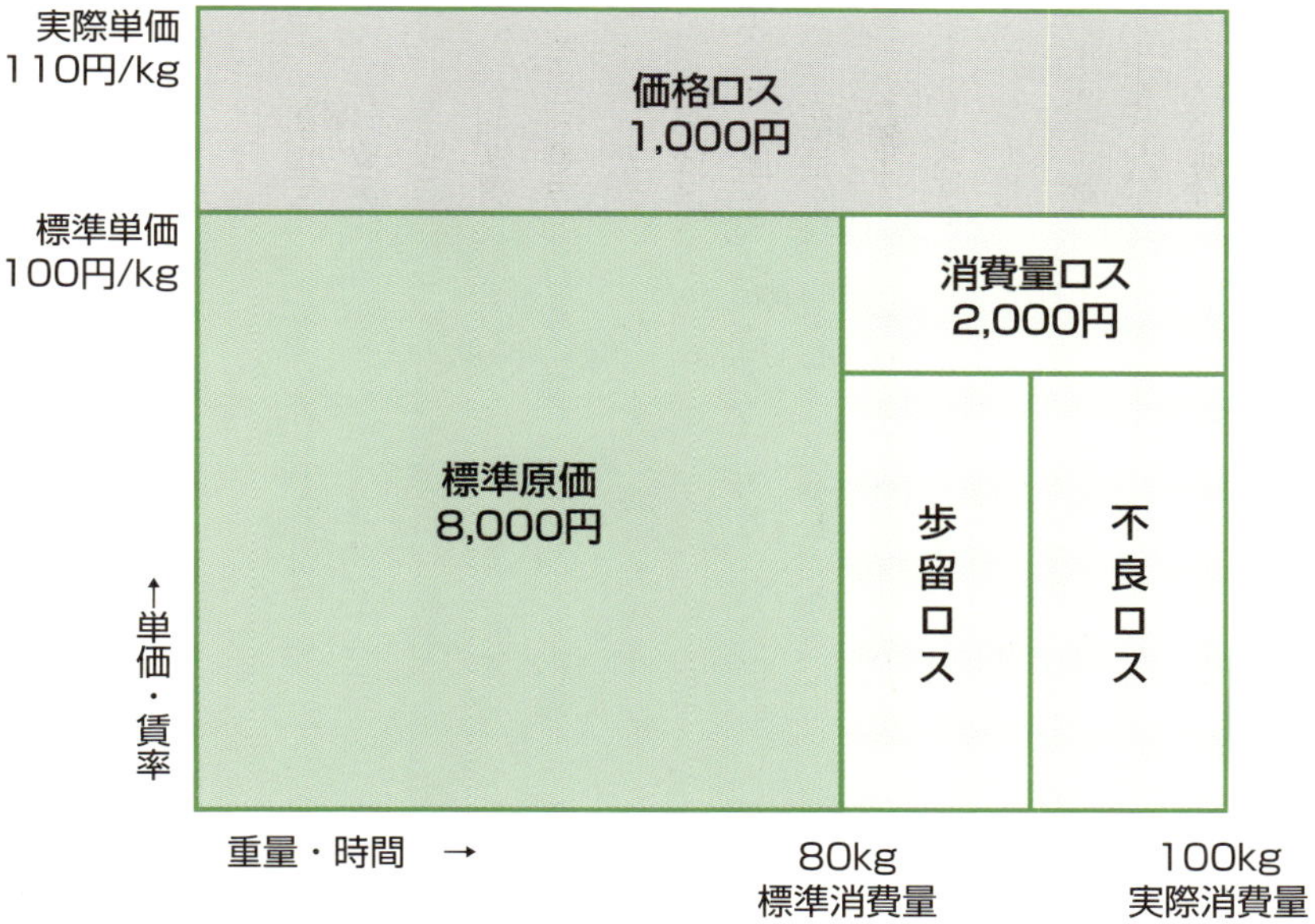

標準原価 ＝ 標準単価 × 標準消費量
実際原価 ＝ 実際単価 × 実際消費量

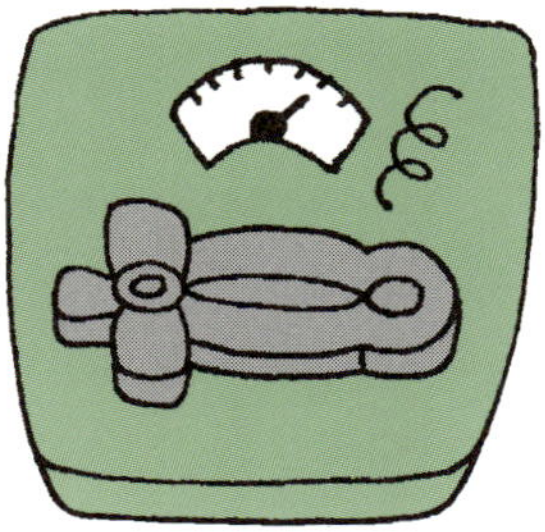

27 二つある人別のコストダウン評価

技術は製品別、製造は部門別に評価する

コストダウンのアクションは人別に評価することが大切です。技術部門では製品設計は製品別に設計者がいます。つまり技術部門では製品別に設計をしているため、製品別の評価になります。製造部門では部門別に製品を作っているため、プレス加工の職場であれば製品に関係なく、プレス加工全体の部門別の評価になります。

製品別と部門別の原価管理のやり方を、具体的に説明してみましょう。図において、A製品を担当している設計の山田さんには300円の目標原価が設定されていて、技術部門の改善活動が始まります。製品設計では、仕様の再チェックを行い、製品形状や機構の改善、工程設計では部門別の工程数の削減や最適作業方法の見直しをしました。そして、プレス、溶接、仕上げの3工程を通る標準原価計算したところ320円になりました。つまり目標原価の達成率は94%（300円÷320円×100）で、これがA製品を担当した山田さんの評価になります。同様に、B製品を担当した木下さんは100%、C製品を担当した石井さんの達成率は94%です。

通常、製造部門は日々の生産活動の中で行われるコストダウン努力を月に一度まとめて評価をします。A、B、C製品それぞれの今月の生産数量は10、20、30個であったとすると、プレスの小宮課長の今月の標準原価は1100円（50円×10個＋20円×30個）にならなければなりません。ところが、材料の品質、プレス設備や作業者のコンディションなどで、実際原価を計算すると1200円であり、標準原価の達成率は92%（1100円÷1200円×100）になりました。同様に浅井課長は100%、渡辺課長の達成率は95%でした。

以上のように、技術部門の行う改善と製造部門が行う管理は、評価の方法も原価計算方法の違いにも影響を与えていることがわかります。

要点BOX

- ●技術部門は目標原価を基準に達成率で評価する
- ●製造部門は標準原価を基準に達成率で評価する

製品別と部門別原価管理

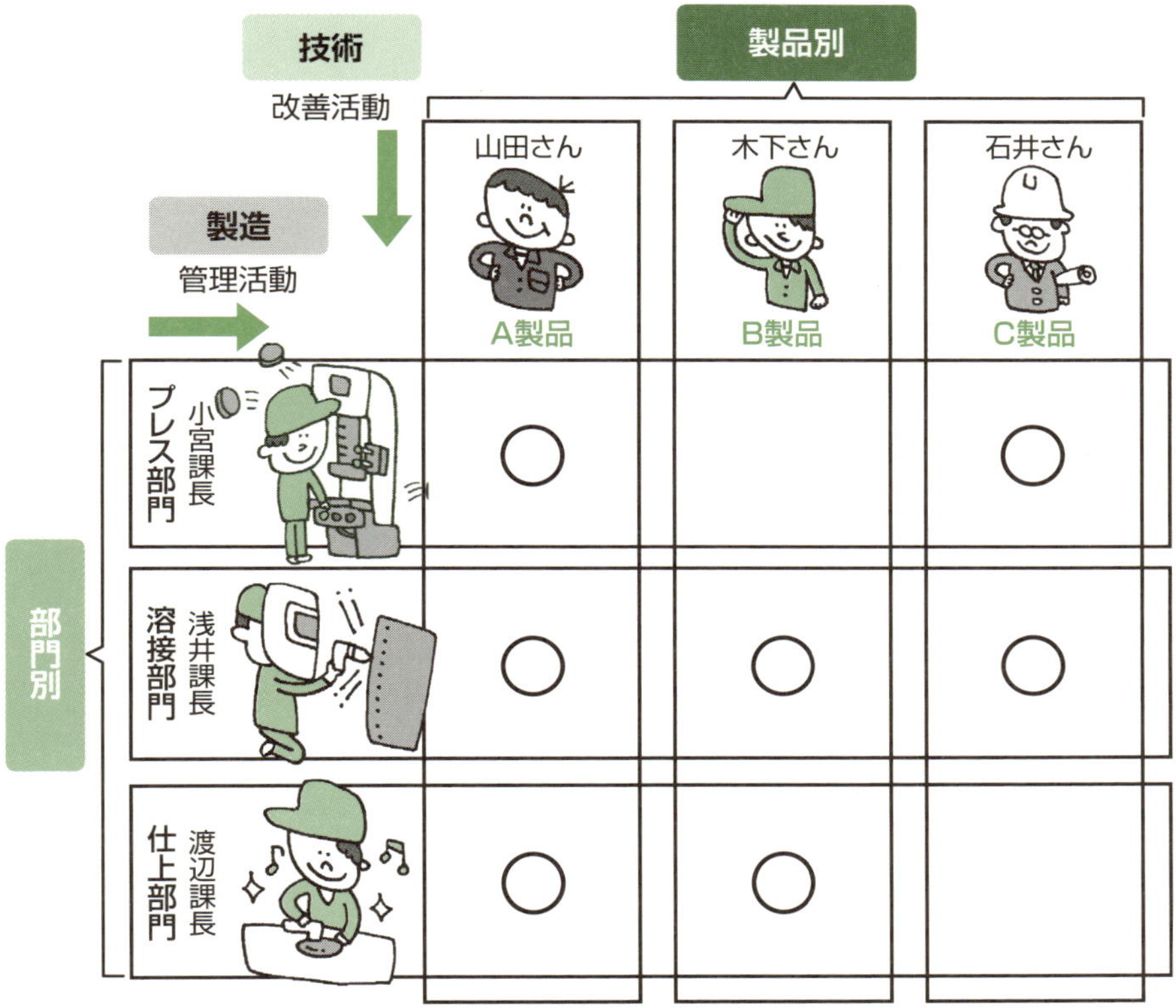

製造部門	A製品 山田さん		B製品 木下さん		C製品 石井さん		月額合計		標準原価達成率
	目標原価	数量	目標原価	数量	目標原価	数量	標準原価	実際原価	
	300	10	200	20	85	30			
プレス 小宮課長	50	10			20	30	1,100	1,200	92%
溶接 浅井課長	120	10	100	20	70	30	5,300	5,300	100%
仕上 渡辺課長	150	10	100	20			3,500	3,700	95%
標準原価合計	320		200		90		9,900	10,200	97%
目標達成率	94%		100%		94%				

←改善活動　管理活動↑

28 原価責任の見える化

人別に管理努力が発揮できる管理可能な費目を集計する

本章では原価管理をするには「誰が」が重要なことは説明してきました。具体的に、原価の責任をどのように役割分担するかを考えてみましょう。

会社にはどんな原価の情報があるのでしょうか。第1章で述べた費目別原価や第2章で述べた製品別原価などが一般的ですが、これらでは「誰が」という集計になっていないため、原価管理をすることは難しくなります。

現場の作業者が管理者から「A製品の加工費の比率が高いので意識してお願いします……」と言われても、他にも多くの製品を加工しているためA製品が流れたときにだけ早く作るということはできません。しかし、設計者に同じ質問をするとピンときます。理由は、設計部門は製品別に設計をしているため、製品別＝担当者という関係になっているからです。

原価管理は〝人〟のアクションによって達成されるので、部門である組織の責任者の「誰が」に焦点をあて、部門別に原価を集計することが大切です。また、集計にあたっては、「誰が原価をコントロールできるか」という、管理が可能であるという点から部門別に集計することが必要になります。

たとえば、あるプラスチック製品の材料費は、設計部門で設計者が製品を設計して材質を選定し材料の量が決まります。次に決定されたプラスチック材料の購入にあたり、適正価格で購入するための業者選定、価格交渉を購買部門で行っていきます。労務費の直接労務費は、製造部門の作業者が大きな割合を占めるため、製造部門では、生産性向上に努力します。このようにプロセスを追うことにより原価責任を明確にすることが可能になります。図は製造原価費目に対応する部署で、とくに金額の高いところに〇印がついています。まずは各部署の金額の高い費目より管理をしてみましょう。

要点BOX

- ●会社には「誰」の切り口で集計された原価データがない
- ●部門別に「誰」の切り口で原価を集計してみる

部門別コスト分析

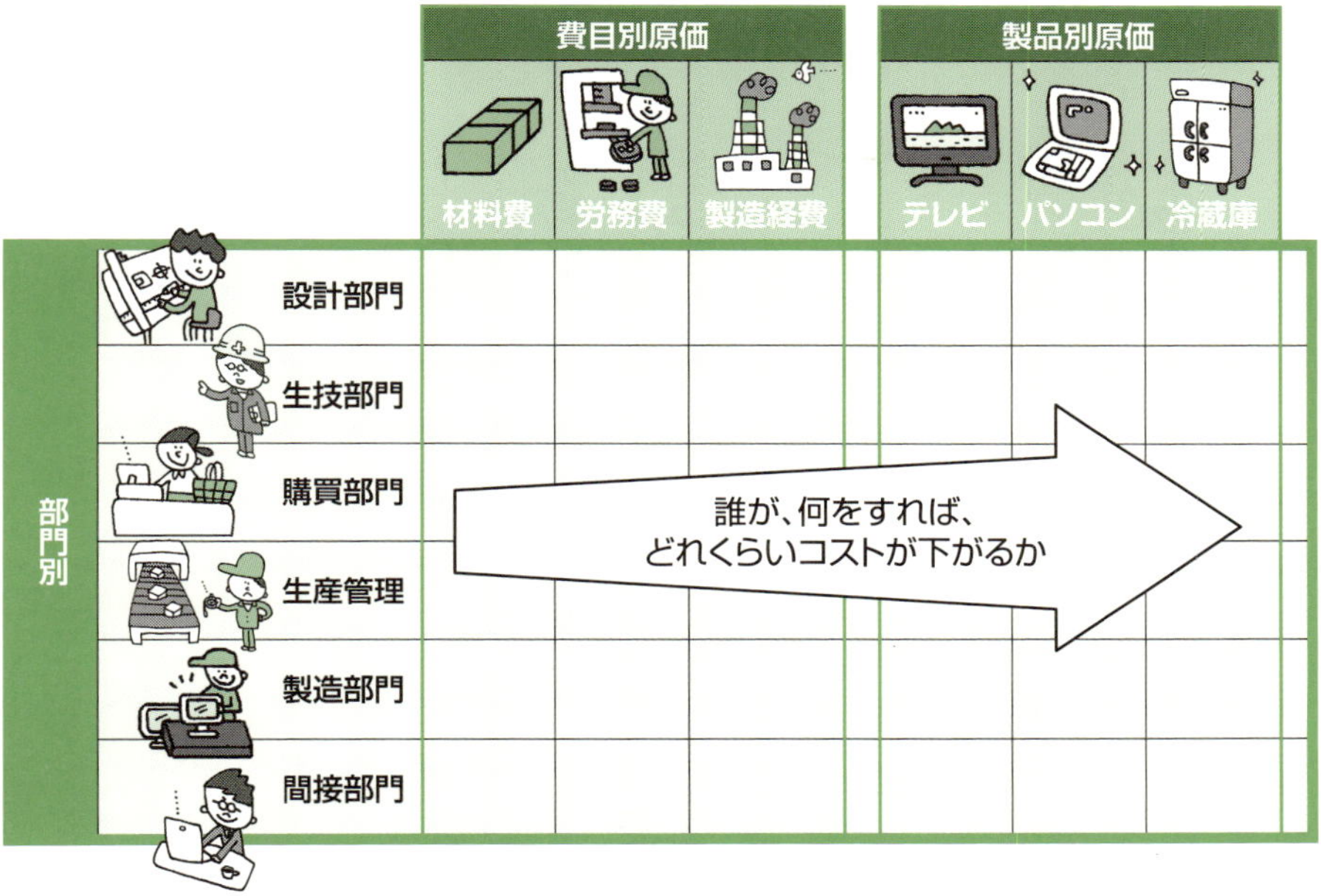

製造原価費目に対する各部門の役割

部門別	費目別原価								
	材料費		労務費			製造経費			
	材料費	外注費	直接労務費	間接労務費	……	減価償却費	研究費	荷造運賃	……
設計部門	○			○			○		
生技部門				○		○			
購買部門	○								
生産管理		○						○	
製造部門			○						
間接部門				○					

29 人別に管理可能費を集計する

誰が原価をコントロールできるか

図は、縦軸に機能別に分類された原価費目と年間の費目別原価をとり、横軸に組織をとった部門別の原価集計表です。費目別の原価ごとに「それぞれの原価をコントロールしている人は誰か」という見方で、管理することが可能な部門へ原価を割り振った結果です。材料費の管理可能な部門は設計部門か購買部門がほとんどで、労務費は製造部になります。

部門別に管理可能な金額に対する比率の大きい項目を見てみましょう。

①材料費は使うのは製造であるが管理できるのは設計、購買で、設計で材料費のほとんどが決まる
②外注費は単価を決める生産管理部門
③減価償却費は設備を発注する生産技術部門
④労務費、製造経費は、それぞれ使うところで管理する

次に、受注から出荷までの経営プロセスを部門別に並べて、管理可能費の構成比率を記入した棒グラフを描いてみます。図は設計の製品設計から始まり、生産技術で工程設計、購買で資材購入、生産管理で生産指示、製造で生産活動、工場管理、全般管理部門を経て最後に販売部門で出荷配送をして顧客に到着するまでのプロセスを並べたものです。この中で、濃い緑色で示した帯は、プロセス順に原価が決まっていく過程を示しています。これによると、設計で製品設計が終了すると40%、生産技術で工程設計が終了すると8%、累計で48%の原価が決まります。外部より材料・部品を購入する購買では23%、生産管理では3%で設計からの累計で74%の原価が決まり、最後の出荷配送で１００%の原価になって完了します。

したがって、濃い緑色で示した比率の高いプロセスで、原価をコントロールする必要があることがわかります。

みなさんの会社では、どの部門の管理可能費の構成比率が高いでしょうか。

要点BOX

- ●材料費の管理可能な部門は設計部門か購買部門
- ●労務費の管理可能な部門は製造部門
- ●プロセスの進行に伴い原価は確定する

プロセス別の原価集計

	合計	構成比率	製造部					技術部		管理部	
			製造1課	製造2課	製造3課	生産管理	品質管理	設計	生産技術	購買	総務
		100.0%	6.7%	5.4%	4.9%	18.5%	1.1%	38.6%	7.9%	15.3%	1.6%
製造原価	3,274,846	100.0%	220,485	176,106	162,056	606,717	34,738	1,263,730	258,937	501,001	51,076
材料費	1,941,818	59.3%	0	0	0	398,587	0	1,080,262	0	462,969	0
材料費	1,543,231	47.1%						1,080,262		462,969	0
外注費	398,587	12.2%				398,587					0
		0.0%									0
労務費	685,500	20.9%	159,701	137,926	130,955	56,585	14,289	76,814	68,977	25,746	14,506
直接労務費	302,965	9.3%	112,893	97,500	92,572						0
間接労務費	181,615	5.5%				40,000	10,101	54,300	48,760	18,200	10,254
法定福利費	89,079	2.7%	20,753	17,923	17,017	7,353	1,857	9,982	8,963	3,346	1,885
厚生費	47,139	1.4%	10,982	9,485	9,005	3,891	983	5,282	4,743	1,770	997
退職給与	64,702	2.0%	15,074	13,018	12,360	5,341	1,349	7,250	6,511	2,430	1,369
		0.0%									0
製造経費	647,528	19.8%	60,784	38,180	31,101	151,545	20,449	106,654	189,960	12,285	36,570
減価償却費	182,845	5.6%	6,342	4,532	5,233	4,522	5,287	1,233	152,342	2,122	1,232
研究費	88,576	2.7%						88,576			
直接関係費	59,934	1.8%	3,059	12,345	3,456	24,965	11,108				5,001
OA関係費	58,971	1.8%	476	345	765	22,892	1,414	10,234	10,110	7,722	5,013
保証費	58,679	1.8%	23,980	132		34,567					0
荷造運賃	57,954	1.8%				57,954					0
租税公課	24,095	0.7%	836	597	690	596	697	162	20,075	280	162
賃借料	23,844	0.7%									23,844
消耗品費	17,558	0.5%	5,342	5,123	4,532	598	321		1,642		0
水道光熱費	17,525	0.5%	7,342	3,527	5,432	701	423				100
その他経費	57,547	1.8%	13,407	11,579	10,994	4,750	1,200	6,448	5,791	2,161	1,218
		0.0%									0

プロセス別の管理可能費の構成比率

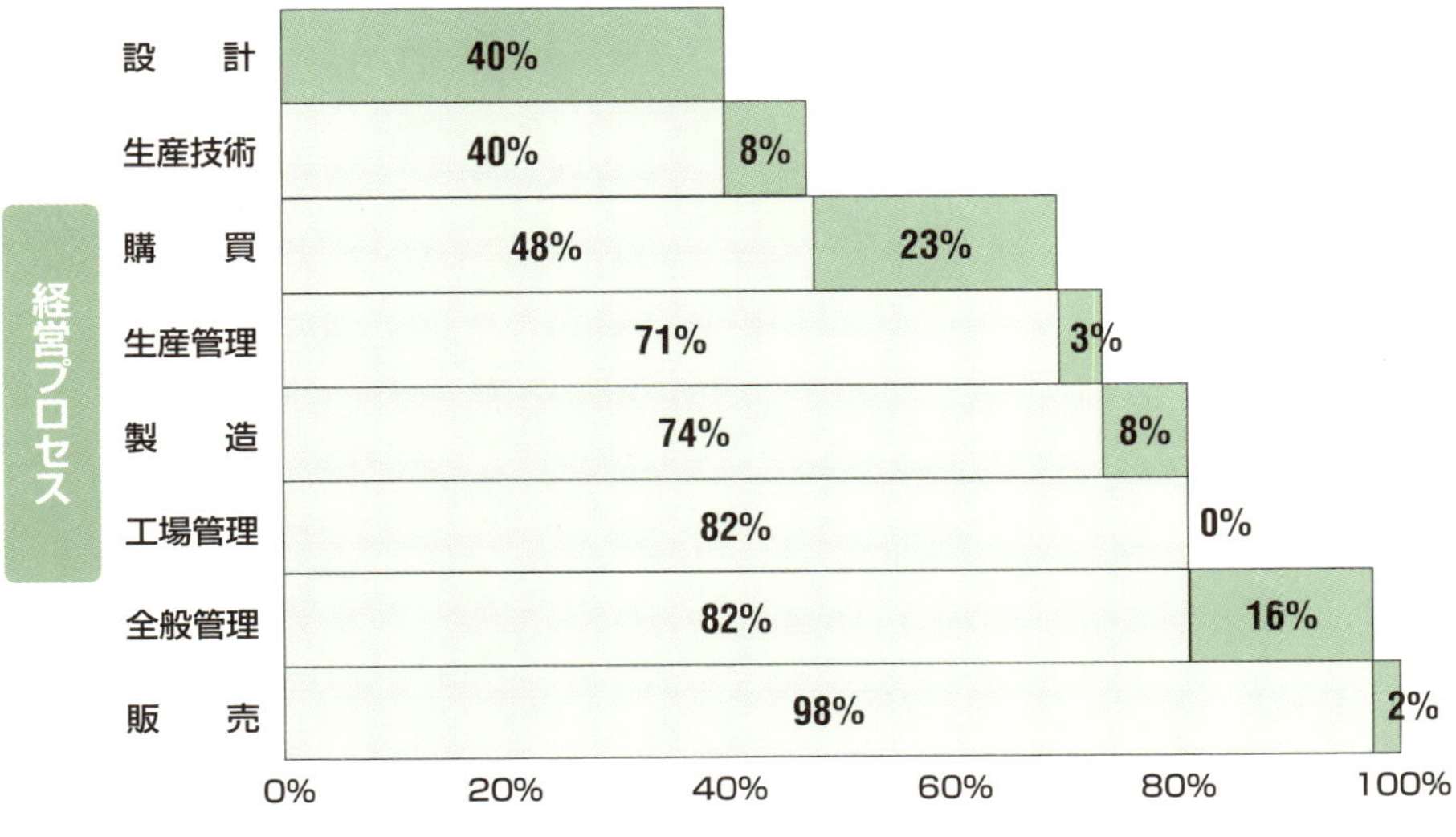

Column

グラフ・帳票の「誰が」やるかの表示の一工夫

　工場では、不良項目別・製品別などに層別された不良のグラフをよく目にします。グラフに書いて見える化することは、決して悪いことではありません。しかし、不良項目別・製品別に件数を表示しても「あ〜〜そういう不良が多かったのかー。やっぱりなー」で終わってしまいがちです。

　大切なのは、それを「誰が」やるかを明確にすることです。そのためには図のように、まずは責任者別の「誰が」に不良金額を集計し、次に不良金額の最も多い山本係長の内容を不良項目別に「何を」の順序で、工場の中で目にとまる場所に掲示したいものです。

　週に一度または月に一度、生産性の結果を知らせる週報、月報の帳票がみなさんの職場にもあると思います。帳票には、どの課のどの係の成績という形でアウトプットされています。たとえば、〇〇製造部、〇〇課、〇〇係というアウトプットであれば、職場名だけではなく、そこに管理者の名前を入れることも大切です。具体的には図のように、

・第1製造部　佐藤部長、機械加工課　鈴木課長、第1係　吉田係長

といった表現です。

　せっかく作った資料も、見てもらわなければ意味がありません。いかに注目させるかを工夫することが、管理をうまくやっていくコツです。

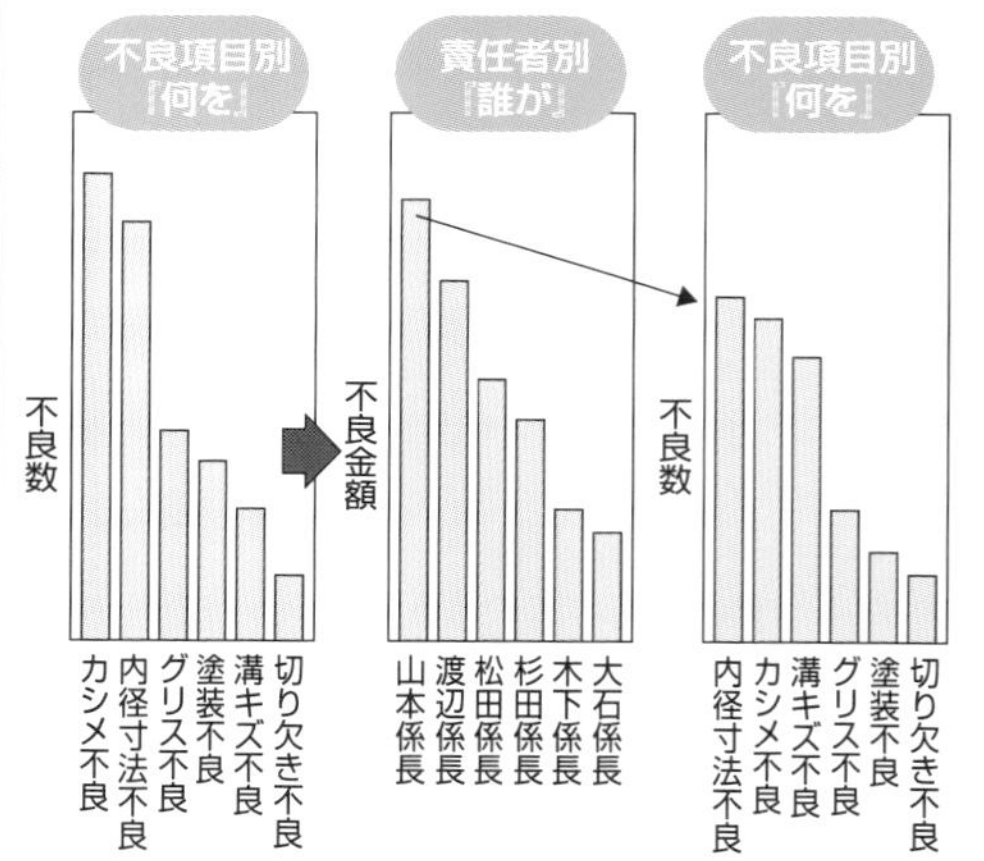

	作業効率
第1製造部	87%
機械加工課	82%
第1係	79%
第2係	88%
第3係	78%
組立課	90%
第1係	92%
第2係	89%
………	

		作業効率
第1製造部	佐藤部長	87%
機械加工課	鈴木課長	82%
第1係	吉田係長	79%
第2係	山崎係長	88%
第3係	石崎係長	78%
組立課	斉藤課長	90%
第1係	木村係長	92%
第2係	石田係長	89%
………		

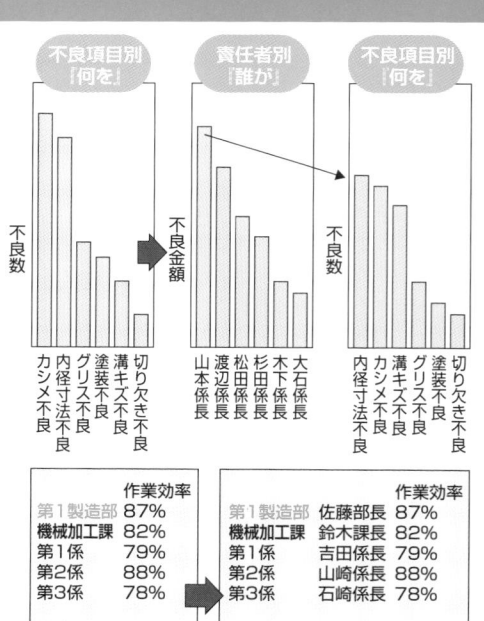

第 4 章

どうすればコストが下がるのか

30 ロスを見つける

まずは目で見て見えるロスからつぶしていく

　工場で発生するロスをつぶしていくには、まずは目についたトラブルをなくしていくことから始めるとよいでしょう。機械やラインがチョコチョコ止まるチョコ停によるロス時間、材料や部品が供給されないために人が作業ができず手待ちになる時間、機械が故障で止まって作業できない手待ち時間、不良になって手直しする時間や廃棄される材料は、誰でもロスと気づく異常です。また、探しのロス、歩行のロスなど比較的目で見て気づく加工していない時間をなくすには、5S活動（整理、整頓、清掃、清潔、躾）や段取り改善などが有効です。

　倉庫に行くと在庫があります。適正在庫は必要ですが、欠品を恐れた過剰在庫については、量の多い製品・部品に対してこまめな管理が必要です。しかし、在庫が減ることによるコストダウン効果は保管荷役費や金利が減るぐらいで、在庫低減の本来のねらいは資金の回転にあります。

　部品を加工すると端材やスクラップが発生します。いつも現場で見ていて目に見えるため対策がとられています。これらは、決められた材料より部品形状を加工することで発生するロスのため、技術部門での対策が必要になります。

　定時間を超えて職場に作業者がいれば、残業をやっているかいないかは一目瞭然なため、仕事量が少なくなると残業規制が厳しくなります。残業代は定時間内の賃金に対して25％増し、50％増しで支払われるため、定時間内での作業の計画や時間の管理が重要になります。

　見えるロスは、まずロスと気づくモノや時間からつぶしていくことが大切です。気づくロスをつぶせないようでは、気づかないロスはつぶせません。しかし、気づくロスに取り組んでいない会社はいないため、コストダウンの余地は小さくなっています。

要点BOX

●見えるロスはコストダウン効果が小さい
●5S活動や段取り改善でつぶせる初級のロス

現場で発生している目で見て見えるロス

❶ 不良のロス　　　：不良廃却、不良手直し
❷ 稼働率のロス　　：機械故障による手待ち
❸ 段取り運搬ロス：段取りや運搬は付加価値を生まないのでロスと考えがち
❹ 在庫のロス　　　：過剰在庫
❺ 技術歩留ロス　　：スクラップの発生
❻ 残業のロス　　　：残業による割り増し賃金

31 見えないロスに目をつける

大きいコストダウン効果は見えないロスにある

目に見えるロスよりも、見えないロスの方がコストダウン余地は大きいことが多いのです。見えないロスとは、測ってみないとわからない見つけることが難しい上級のロスをいいます。

たとえば材料費では、製品の機能上必要でない品質余裕の取りすぎによる過剰機能や過剰品質の過剰品質ロスがそうです。これは製品設計や工程設計で、お客様の要求以上の機能を付加してしまうことです。一見、製品や工程を見ただけではわかりません。その他にも、材料の公差や重量の誤差による歩留低下による製造歩留ロスがあります。液体や型ものの製品については、出荷時の重量の平均値が基準値より公差の範囲内でオーバーしていても、良品として出荷されてしまいます。特に材料費の高い材料を使用している製品は注意が必要です。

加工費では、作業中に起こる標準作業方法の無視と作業ペースダウンによる作業能率ロスです。作業を見て作業時間が遅いか速いかぐらいはわかりますが、標準時間に対してどのくらいかはなかなか判断がつきません。また、機械のスペックの有効活用や決められた送り速度で加工をしていない運転時間ロスです。機械であれば稼働しているか、していないかだけのチェックだけではなく、加工条件が守られているかの測定が必要です。機械の最適な加工条件は決まっています。順調にいっているように見えるものにもロスが潜んでいます。その他にも、人が余っていることによる余剰工数ロス、賃率の高い作業員がスキルを必要としない職場へ配置したことによる賃率構成ロスなどがあります。

これらのロスを見えるようにすれば、誰でも自然とそこに目が向くようになります。見えないものは測ってみると見えるようになります。ここに、大きなコストダウン効果を出す宝が潜んでいます。

要点BOX

- 見えないロスの方がコストダウン余地は大きい
- 順調にいっているものにロスが潜んでいる
- 見えないものは測ってみると見えるようになる

現場で発生している目で見て見えないロス

❶ 過剰品質ロス　：設計余裕の取りすぎによる過剰機能・品質機能
❷ 製造歩留ロス　：製品公差のばらつきによる歩留ロス
❸ 作業能率ロス　：作業中に起こる標準作業方法の無視と作業ペース
❹ 運転時間ロス　：設備能力をフルに使わない機械スピードのロス
❺ 余剰工数ロス　：人が余っていることによるロス
❻ 賃率構成ロス　：賃率の高い作業員の配置

❶

過剰機能・品質ロス

❸

作業ペースロス

❷

出荷重量歩留ロス

❹

設備有効利用ロス

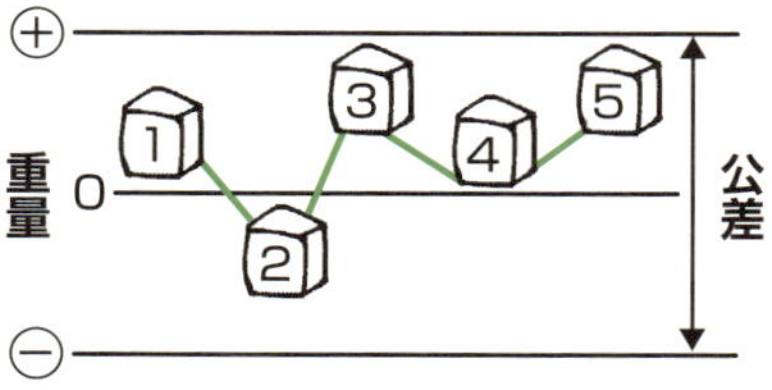

32 効果の大きいテーマの見つけ方

量的判断から質的判断へ

ロスを改善するにも時間がかかります。改善するにあたり、〝投資対効果〟つまり、改善にかける時間よりも多くの効果が出なければムダになってしまいます。改善しても効果がなかったということをしないためには、効果の大きいロスを見つけることが大切です。

そのためには、「量的判断」と「質的判断」をキーワードで考えるとよいでしょう。この原則を守ると、数・金額の大きいものから絞り込まれた製品・部品・工程・作業を対象に、やさしい順に改善することで、効率的にロスをつぶせるようになります。改善を行うにあたり、ついつい改善がやりやすいものから取り上げていないでしょうか？

量的判断とは、数量または売上・生産金額的に大きいものを取り上げた方が、効果が大きいというものです。図は金額の大きい順に並べる分析のABC分析を示しています。量的判断をしようとしたとき、改善しようとする製品・工程を数量の多い順、または売上・生産金額の大きい順にABCの3層に分けます。通常、製品・部品点数の20％のA品目で全体の合計の数量・金額の80％、製品・部品点数の50％のB品目までで数量・金額の95％、残りの製品・部品の50％のC品目で数量・金額の5％を占めます。そこで、改善対象製品・部品を選ぶときはA品目の中から選択します。改善のテーマを見つける場合、みなさんも数量の多いものには目をつけていると思います。このABC分析を行い、体系的に効果の大きいテーマを見つける目を養ってください。

質的判断とは、改善がやりやすい対象を言います。やりやすいものを改善対象に取り上げた方が、効果が大きいというものです。やりやすいものとは、ロスが多く含まれた内容です。質的にやさしいかどうかを判断するには、改善活動では機能分析、管理活動では理想標準原価を使います。この内容については、次で説明します。

要点BOX

- ●量的判断で量的に多いものを見つける
- ●次に質的判断で質的にやさしいものを見つける

コストダウン対象

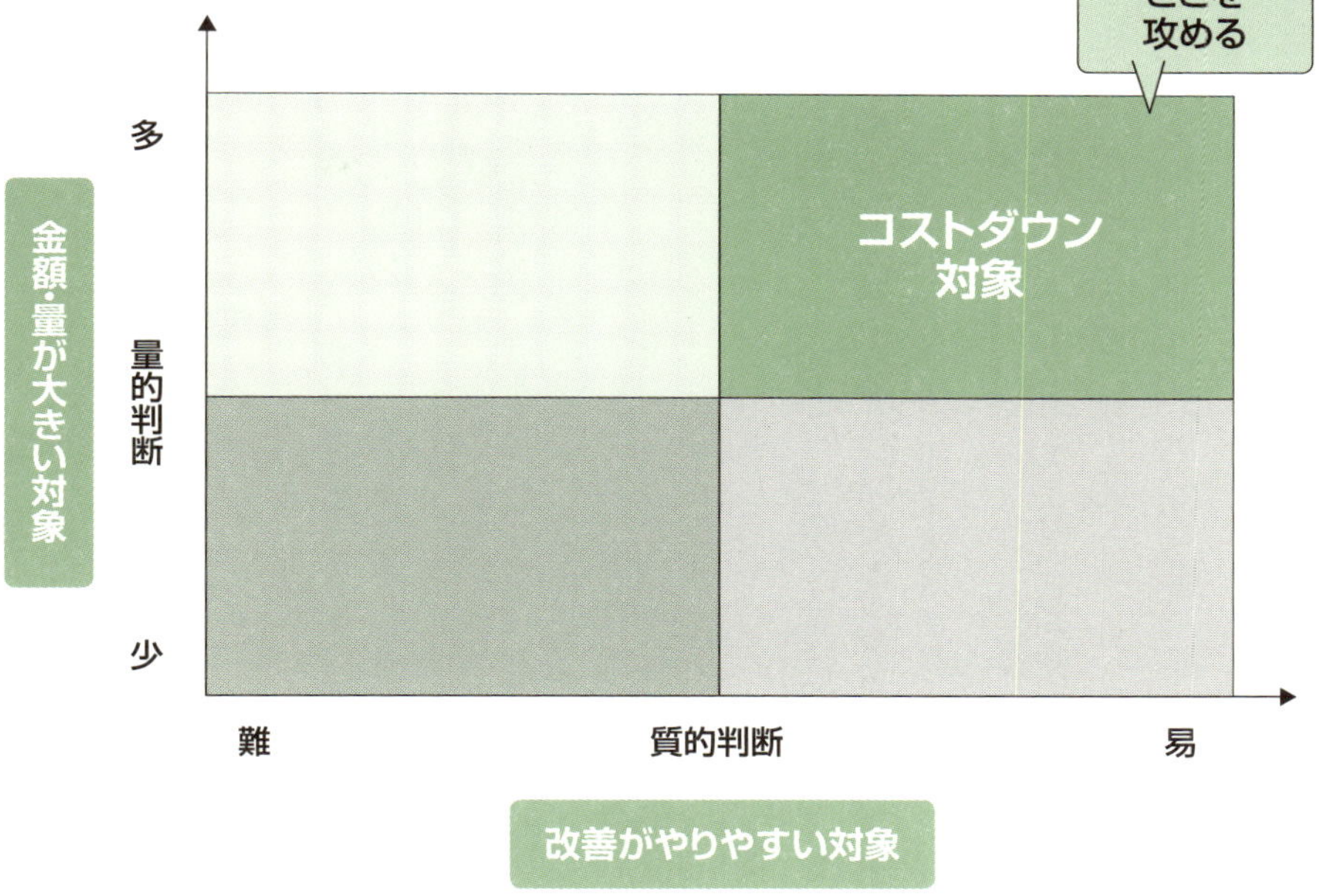

量的分析：ABC分析

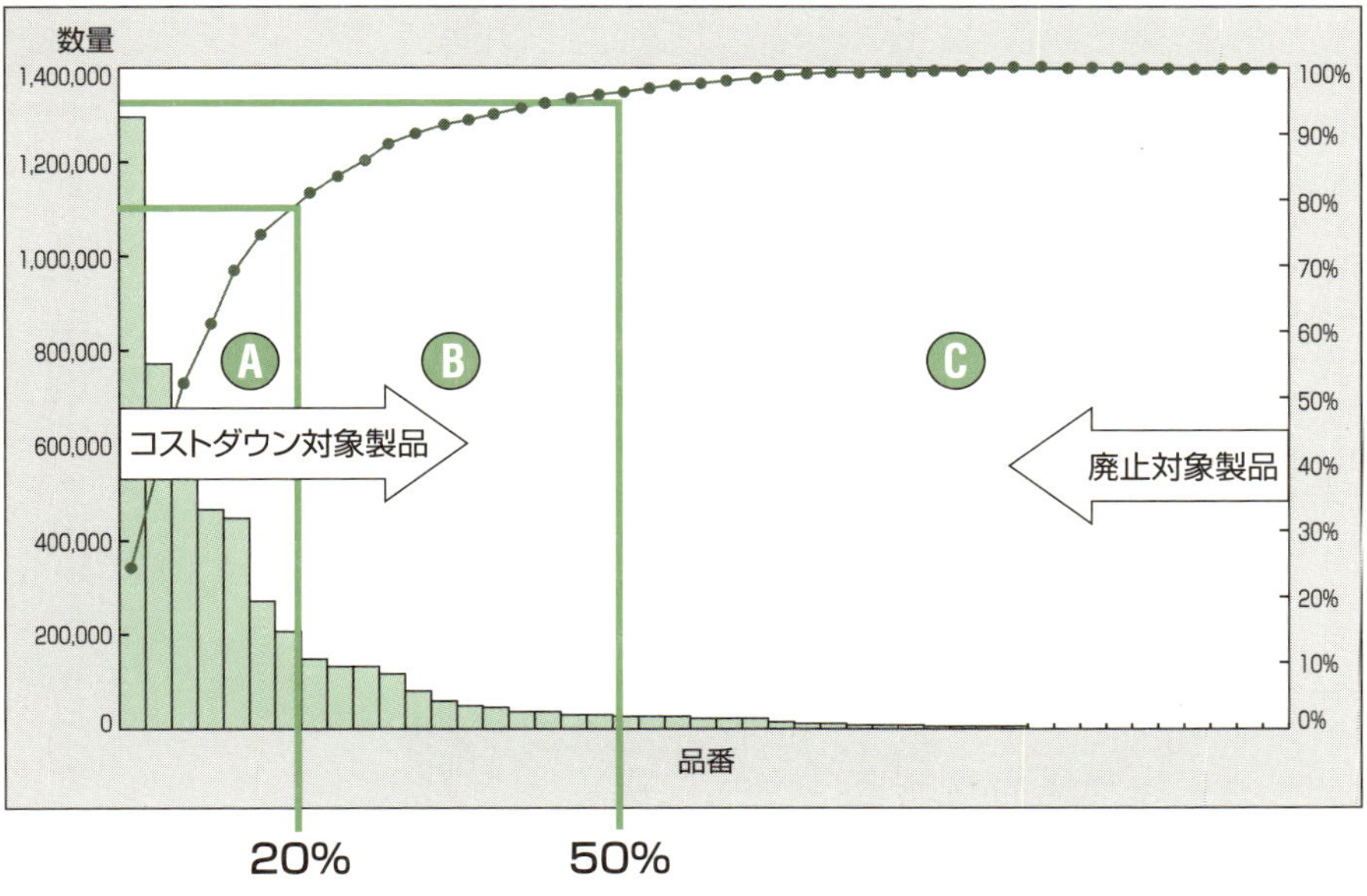

33 コストダウン効果を推定する

実態と思いは一致しない

コストダウン効果の大きい項目を推定してみましょう。記入例の手順にしたがって、自社の各費目のロス項目とロス比率を推定し大きいロス金額を分析します。

〔コストダウン効果の推定手順〕

①製造原価の欄に各費目の金額とそれらの合計を100%としたときの原価の構成比率を記入

※原材料費：22,500÷50,000×100＝45%

②生産活動において原価ロスが多いと思われるワースト5を、費目別ロス項目一覧表から選び、金額の多いと思われる順に記号とロス比率（推定でよい）を記入

※ロス比率とはD製造・設計廃棄不良であれば不良率が平均1%あるということ

③〔原価の金額比率①〕×〔ワースト5の各項目に対する比率②〕を該当する欄に%で記入

※材料費：材料費50%×製造・設計廃棄不良率1%＝0・5%（第1位 D）

④各原価ロスの列合計を計算

※第1位のD：0・5%を記入

⑤④の結果、%の大きい順にワースト3の順位を、分析結果を判定してワースト3を記入

※計算の結果、Gの作業能率ロスが第1位

⑥合計欄の縦に、製造原価の各費目の金額にロス項目のロス比率を乗じて記入

※外注加工費：5,000×1.0%＝50

記入例によれば、最初予想したロスのワーストは、1位がD製造・設計廃棄不良、2位はA仕入価格ロス、3位はG作業能率ロスでした。

しかし分析の結果は、1位がG作業能率ロスで、2位がA仕入価格ロス、3位がD製造・設計廃棄不良となっています。

このように、不良など目に見えるものにコストダウン効果が大きいと感ずるものですが実際分析してみると、思いと違うロス項目が上位にくることがあります。記入例にそって自社のロスを分析してみましょう。

要点BOX

●目に見えるものはコストダウン効果が大きいと感ずるもの

費目別ロス項目一覧表

[材料費・外注加工費関係のロス]
A.仕入価格ロス　B.製造歩留ロス　C.デッドストック
D.製造・設計廃棄不良
[労務費関係のロス]
E.賃率構成ロス　F.超過勤務賃率ロス
G.作業能率ロス（標準作業無視・作業ペース）
H.設備性能ロス（チョコ停・設備有効利用・スピード）
I.材料手待ち稼働率ロス　J.機械故障稼働率ロス　K.作業員の教育訓練
L.余剰工数ロス　M.間接生産性のロス　N.不良手直し廃棄ロス
[製造経費関係のロス]
O.エネルギーロス　P.一般経費ロス　Q.操業度ロス

コストダウン効果予想表

	製造原価 ①		合計 ②	製造・管理他段階のロス項目（上記符号）				
	金額	比率		第1位	第2位	第3位	第4位	第5位
				D	A	G	N	O
計	50,000	100%	837	1%	10%	20%	1%	5%
材料費	25,000	50%	125	0.5%				
原材料費	22,500	45%						
補助材料費	2,500	5%						
外注加工費	5,000	10%	50		1.0%			
労務費	15,000	30%						
直接労務費	12,500	25%	656			5.0%	0.25%	
間接労務費	2,500	5%						
製造経費	5,000	10%						
電気・水・ガス・油	2,500	5%	6					0.25%
一般変動経費	2,500	5%						
固定経費								
④ 原価ロス合計%			7%	0.5%	1.0%	5.0%	0.25%	0.25%
⑤ 分析結果判定ワースト3				3位	2位	1位		

予想順位

② ロス項目一覧表より選択

③ 50%(0.5)×1%(0.01)

⑥ 5,000×1.0%

実際順位

34 アウトプットレベルの設定

アウトプットを規定してからインプットを攻める

各メーカーは、お客様によい製品やサービスを提供するために、国内外を問わず世界中で競争にしのぎを削っています。

工場では品質（信頼性要求や機能の多様化）・原価（コスト）・納期（リードタイム短縮とタイミング）・生産量（市場の需要変動に対する変動）・価格（他社との競争による変動）の最適化を考えていく必要があります。そこで、お客様の顧客満足を得るためにムダのないコストを投入していくには、分子にはアウトプットである品質・短納期・生産量・価格、分母にはインプットであるコストをセットします。これらのバランスを考えることが大切ですが、まずはアウトプットを決めることが先決です。

製品を作るには新商品の市場調査をしたり、直接お客様の要求を営業マンが把握して、これを設計部門へ伝え、具体的な形にして図面に展開していきます。要求がうまく伝わらなかったり、設計者が自分の思い入れで要求にない凝った設計をすると過剰品質になります。また、製造ラインにおいても要求の精度を過剰に解釈し、過剰な検査工程を作る場合も過剰品質になります。図面に描かれていない隠れた要求を追求することも、過剰品質を防止する重要なポイントです。納期については、短納期は喜ばれるかもしれませんが、いつ納めるかというタイミングのほうが大事になります。また、生産量の計画にミスがあった場合、欠品や過大設備につながる恐れがあります。生産量については、お客様の情報をリアルタイムで入手することが重要です。価格は工場が決めるものではなく、外部環境を分析し、適性価格を営業が決定していきます。

したがって、アウトプットをしっかりととらえ規定して、インプットにはそれに見合った最低限のコストを投入していくことが、顧客満足になりコストダウンにつながっていきます。

要点BOX

- 品質、納期、生産量、価格はアウトプット、コストはインプット
- アウトプットを決めることが先決

顧客満足のためのアウトプットとインプットの関係

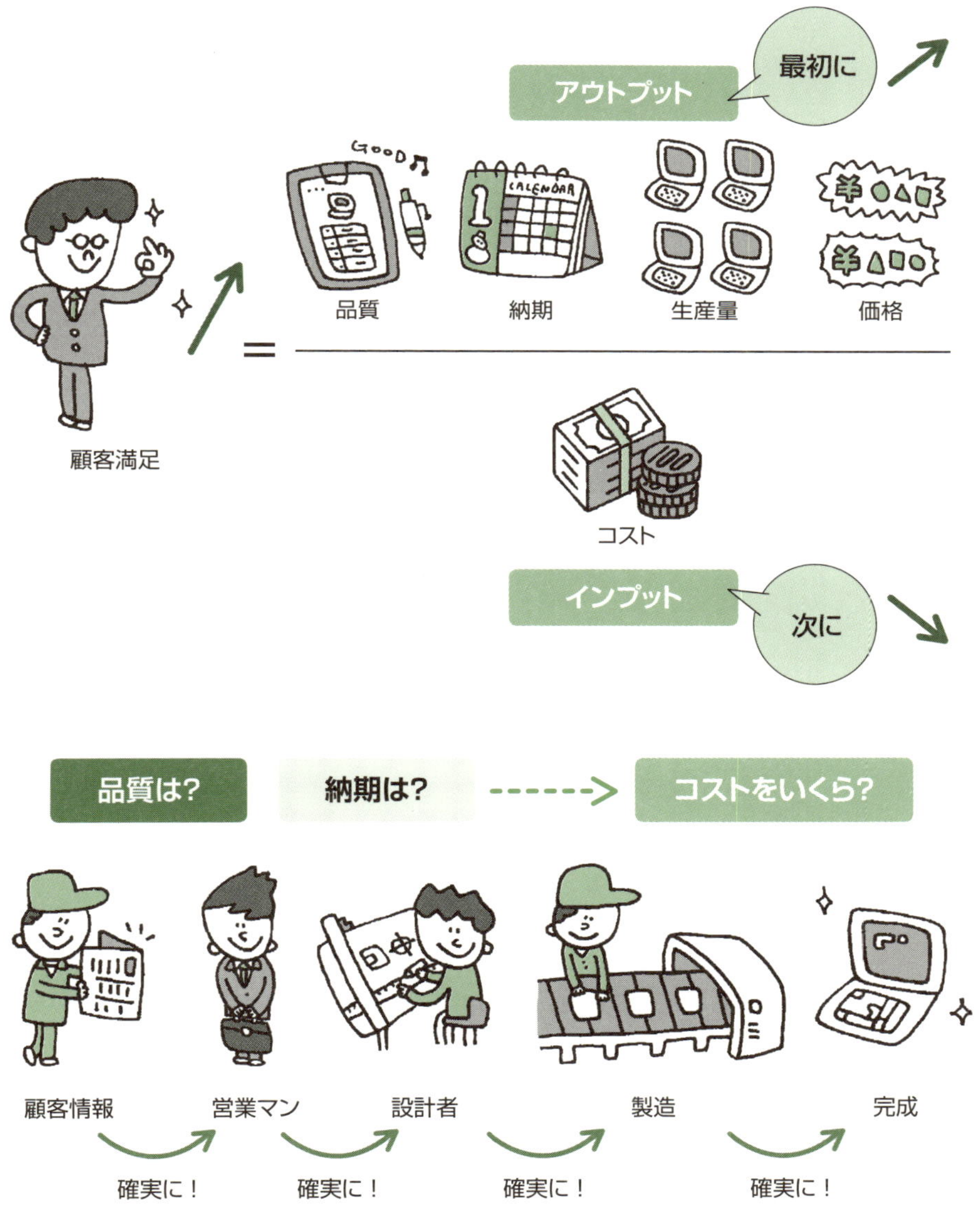

35 生産要素の最適組み合わせ

最小コストを追求する

お客様の品質・納期・生産量・価格のアウトプットが明確になったならば、インプットである最小コストを生産要素の最適組み合わせから求めることが必要になります。生産要素とは材料、人、設備、エネルギーの四つを言います。図の算式は、分子にお客様から注文のあった負荷（仕事量）、分母は工場が持っている生産要素を組み合わせた能力で、算式は両者のバランスを表しています。つまり、負荷に合った最適な生産要素の組み合わせが最小コストと言うことになります。

技術部門ではこの四つの最適組み合わせを考えて製品や工程を設計しています。主に設計では、製品の構造・形状について、最小コストを目指すために材料費の追求が行われます。生産技術では、効率的な人の作業方法、設備の最適な有効利用、省エネルギーなどを考慮に入れた加工費の追求が行われます。そして、それぞれの追求の結果として標準原価が設定され、管理の基準が完成します。製造・管理部門では、負荷＝能力になるように操業度を調整するアクションを考えていきます。

しかし、四つすべての生産要素が100%使われる組み合わせは難しく、生産要素の中で特に設備が過大になる傾向があります。それは、設備は最も固定性が強いので、仕事の増減に応じて設備を増やしたり減らしたりすることが簡単にできないからです。通常、設備は80%が正常な操業状態で、平均20%ほどの余力を残すくらいがよいと言われています。これは、お客様からの急な生産量の増加に対応することも必要になるからです。

このように、材料、人、設備、エネルギーの最適組み合わせを見つけることが、最小コストへ結びつきます。この組み合わせが悪い所にはコストダウン余地が潜んでいると考えることができます。

要点BOX

●生産要素には材料、人、設備、エネルギーの四つがあり、組み合わせが悪いとコストダウン余地が多い

四つの生産要素の組み合わせ

負荷

能力

生産要素

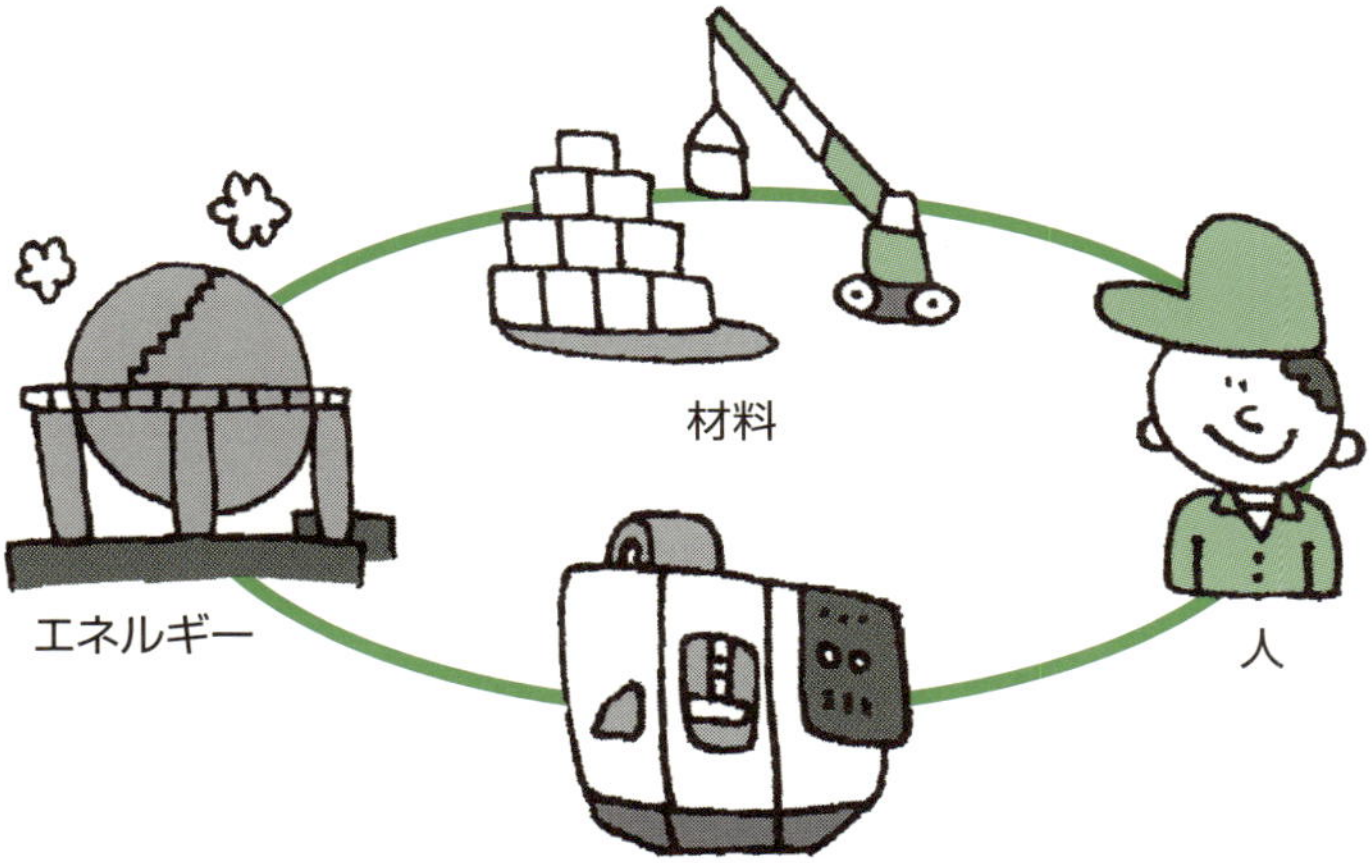

設備は、材料・人・エネルギーに比べ固定性が強い

36 技術部門での生産要素の組み合わせ

生産要素のバランスを考えた設計をする

日本の乗用車（普通車・小型車・軽四輪車）の保有車両数は約5900万台あります。単純に計算すると国民の2人に1人が車を所有している計算になります。マイカーをお持ちの皆さんは、年間にどのくらいの時間、車を使用しているでしょうか。通勤で使用する方、土日・祝日のレジャーのみで使用する方などさまざまです。仮に、土日のみの使用で平均10時間／週とした場合、週168時間（24時間×7日）に対して6％（10時間÷168時間）の稼働率になります。車に対する価値感はさまざまですが、稼働重視で考えるならばレンタカーや最近注目を集めているカーシェアリングは当然なのかもしれません。

この稼働状況は家庭ではよいとしても、会社でこのような稼働率の低い自動化はロスであり、人と機械にはそれぞれの特性を活かした組み合わせをしたいものです。

稼働していない時間のロスは誰でも気づきますが稼働しているときのロスはどうでしょう。4人家族のAさんは、近くに住んでいる両親をたまにドライブに連れていくために7人乗りのワンボックスカーを持っています。両親は土日にいつも乗るわけでもなく、ほとんどが3人ないしは4人の50％乗車で、過大設備投資を生んでいます。

また、普通乗用車のスピードメーターは大抵が160〜180km／hになっているため、それに見合ったエンジンを搭載しています。しかし、日本の公道における自動車の法定上限速度は、一般道においては60km／h、高速道では100km／hで、これ以上の速度を出すことは道路交通法で禁じられています。何やら合点のいかない話です。そして一般にエンジンを効率よく回転させる速度は〝一般道では40km／h、高速道では80km／h〟と言われています。このように、設備が稼働している中にも多くのロスが含まれているのです。

要点BOX

- 家庭ではよいとしても、会社で稼働率の低い自動化はロス
- 稼働している中にも多くのロスが含まれている

マイカーの稼働率

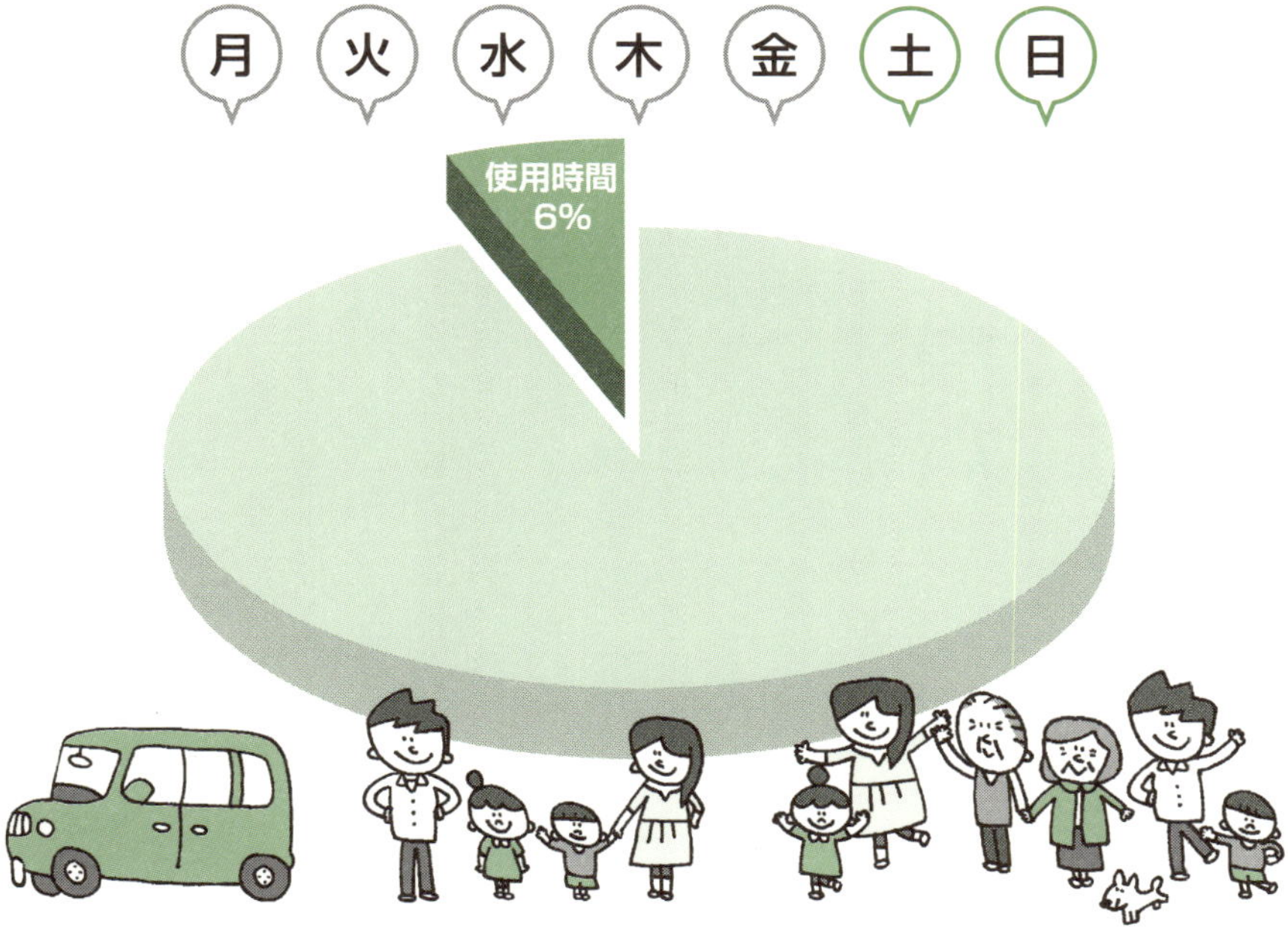

7人乗り　　通常3〜4人　　時々6人

普通自動車の最高スピードと道路交通法のギャップ

スピードメーター
Max.180km/h

一般道
Max.60km/h

高速道
Max.100km/h

37 製造・管理部門での生産要素の組み合わせ

負荷＝能力のアクションを考える

操業度とは、現在持っている生産能力をどれくらい使っているかを示す数値で、負荷÷能力で計算されます。負荷は受注により決まり、能力は固定性の強い順に設備、人、材料、エネルギーがあります。通常、最も固定性の強い設備が工場の能力を決めているので、操業度60％と言ったときは、最大設備能力に対して60％の負荷で生産していることを意味します。操業度を向上させるには負荷と能力のバランスが大切です。図の基本公式は負荷と能力に影響を与える要素を人と設備別に算式であらわしています。

これらの要素は工数（人時間）または時間（設備時間）という項目で測定した場合、いずれも同じ重みで考えることができます。たとえば、負荷（人）を10％高めるには受注量を10％伸ばすか、在庫を2・2日（暦日22日×10％）増やすか、その分に見合う工数を内作化すればよいということなります。また生産能力（人）を10％高めるには10％増員するか出勤率を10％向上するか、稼働日数を2・2日増やすか、1日1人平均48分（8時間×10％）の残業を増やすかして、総合効率を10％向上させればよいのです。

これらの対応は、工数的にはいずれも全く同じ意味になりますが、コストでは違いがあります。忙しいときはいつも残業や休出の対応だけではなく、常にコストの一番安いアクションが望まれます。人の能力の要素で能力アップを行うには、総合工数効率をアップすることがコストがかからず有効な手段です。このためには、管理者の努力が重要なのは言うまでもありません。

また、忙しいときは能率を上げ、暇なときは能率を落とすやり方をしている工場では直接労務費が固定費になってしまいます。負荷と能力の調整要素をうまく使いながら生産性（能率）を管理することがコストダウンにつながっていきます。

要点BOX

●操業度とは生産能力をどれくらい使っているかを示す数値で調整要素の中でコストの一番安いアクションが望まれる

操業度を調整する基本算式

$$\text{操業度} = \frac{\text{負荷：生産量または仕事量}}{\text{能力：設備・人・材料・エネルギー}}$$

	負荷	=	能力						
人	標準工数 ± 外注工数 ± 在庫工数	=	正味人員 = 在籍人員 × 出勤率	×	稼働日数 = 暦日日数 + 休出	×	就業時間 = 定時時間 + 残業時間	×	総合工数効率 = 作業効率 × 工数稼働率
設備	標準時間 ± 外注時間 ± 在庫時間	=	設備台数 = 設備台数 × シフト	×	稼働日数 = 暦日日数 + 休出	×	就業時間 = 定時時間 + 残業時間	×	総合設備効率 = 性能率 × 設備稼働率

負荷 ＝ 能力

標準工数

正味人員

稼働日数

在庫工数

外注工数

就業時間

総合工数効率

38 誰が何をするか

原価ロス項目を管理責任者別に割り当てる

最後に各原価ロス項目と管理責任者の関係を整理しておきましょう。

表は、原価費目に対する原価ロス項目と内容を、管理者別にマトリックスで表したものです。○印のついているところが、各管理者の管理項目です。原価ロス項目は、それぞれを単価と消費量ロスへ区分してあります。原価管理を行うにあたり重要なことは、どの管理者がどの原価ロス項目を管理するかを明確にすることであり、またそれに対する適正な評価基準を設定し、評価することです。

たとえば、不良による材料の消費量ロスは現場でしか発生しませんが、第一線監督者で管理可能なものは、作業者の不注意や技量不足が原因のものだけです。図面ミス、設備不調が原因であれば技術部門長に、原因不明の不良であれば、その原因を解析する品質管理部門長にそれぞれ責任を割り当てます。

労務費において、時間ロスの中で生産性向上に直結する作業能率低下による作業能率ロスや、設備速度低下・チョコ停による性能率ロスは、第一線監督者の責任になります。賃率ロスに係わる月々の稼働日数の変動による賃率差の稼働日数ロスや、賃率の低い作業者を活用しなかったことによる賃率構成ロスなどの項目は、工場長や製造部門長の上位の人の責任になります。

また、工場長の責任に割り当てた製造経費の操業度ロスとは、工場の操業度が正常操業度（80%）に達しない、低操業状態における固定費負担の増加分です。操業度を上げる努力は、工場長の保留責任になります。しかし、内外作の変更により操業度の調整が可能である場合には、その責任を生産管理部門長がもつこともあります。このように、あらゆる原価を誰かの管理責任になるように区分し、適切なアクションを期待しています。

要点BOX

- ●すべての原価ロス項目を誰かの管理責任へ区分しアクションを期待する
- ●原価ロス項目を単価ロスと消費量ロスへ区分する

費目別原価ロス項目

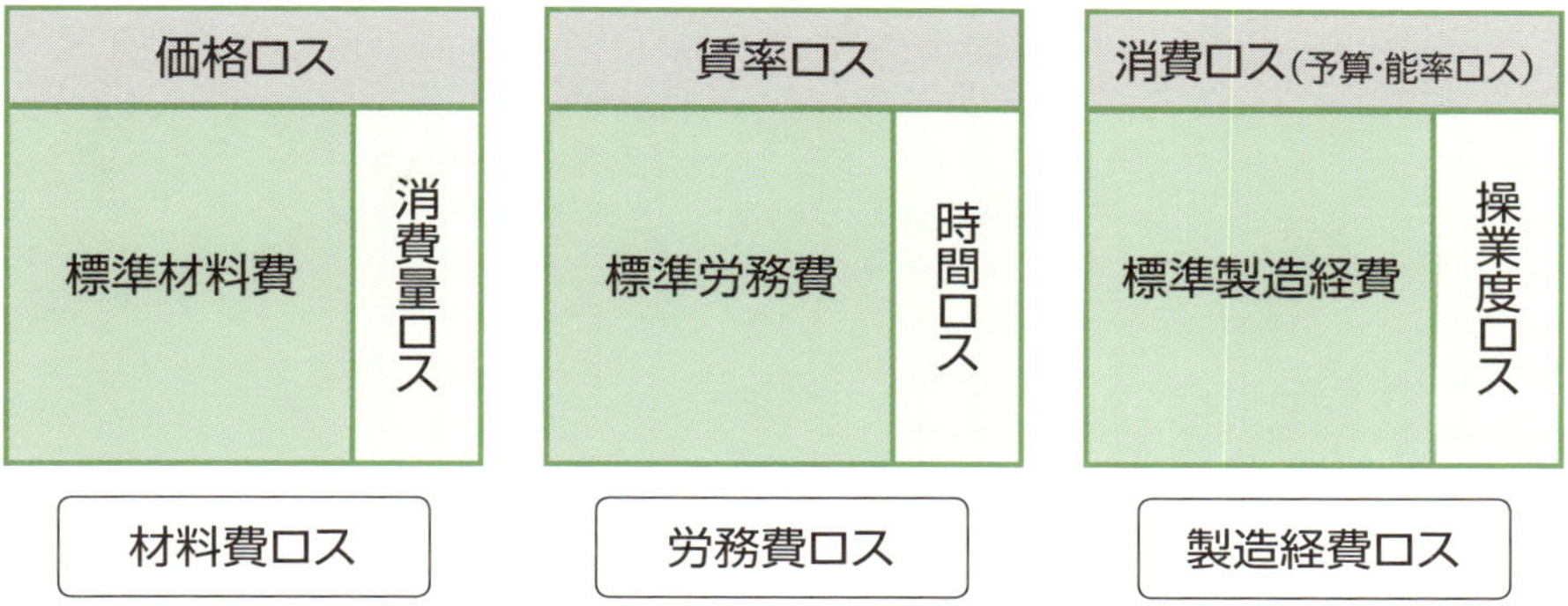

原価ロス項目と管理責任者の関係

原価費目	価格ロス項目と内容			工場長	技術部門長	品質管理部門長	生産管理部門長	資材管理部門長	製造部門長	第一線監督者
材料費	価格ロス		高い価格で購入した材料費損失					○		
	消費量ロス	技術歩留ロス	設計・製造技術上避けられないロス		○					
		製造歩留ロス	製造段階で発生する材料の歩留							○
		不良ロス	不良・クレーム損失		○	○	○	○		○
		デッドストックロス	仕掛品の長期滞留による廃却損				○			
労務費	賃率ロス	稼働日数ロス	稼働日数の変動による賃率の差	○						
		賃率構成ロス	賃率の低い作業員の活用損失						○	
		過勤賃率ロス	負荷と能力の調整のまずさによる直接作業員の異常残業				○			
	時間ロス	作業能率ロス	作業能率低下による工数損失							○
		性能率ロス	設備速度低下・チョコ停							○
		稼働率ロス	会議、教育訓練、作業手待ちなど						○	○
		余剰工数ロス	負荷と能力の調整のまずさによる直接作業員の余剰				○			
		品質コスト	品質予防・評価コストの損失			○				
		不良手直ロス	不良・クレーム損失		○	○	○	○		○
製造経費	操業度ロス		正常操業度と計画操業度との固定費負担額の差	○						
	消費ロス	一般経費ロス	経費のムダ遣い	○	○	○	○	○	○	○
		試作費用ロス	設計・試作に使われた費用		○					
		物流コスト	調達・社内物流コストのロス							
		修繕費ロス	設備、金型、治工具の補修							

Column

管理指標に対する管理者の二つのタイプ

現場の原価管理を行ううえで、品質・コスト・納期の管理指標は欠かせません。たとえば、管理者に「あなたの職場のこの製品の品質はどうですか？」とよく質問をします。返ってくる答えは

Ａさん：「そうですね～。だいたいいいですよ。でも最近いくつか不良が出ちゃって、作業者には注意するようにしていますよ」

Ｂさん：「この製品の不良率は、２週間前まで０・１％でしたが、ここのところ０・２％に増えてしまい対策を打っているところです。その中でも多い不良が、成形不良の色むらで、金型の原因か原材料の原因かを、今分析しているところです。今週末には判明して、対策を打ちたいと思っています」

２人の管理者は対照的です。

２人の管理者の違いは、管理指標に対する認識と原因追及の深さです。管理者であれば、品質に関しては製品別・部品別の不良率は即座に答えられなければなりません。また、不良の現象のみならず、誰が対策をしなければならないかの分析も必要です。原価管理を勉強して、定量的にものが言える管理者にぜひなっていただきたいと思います。

この製品の不良率は、2週間前まで0.1%でしたが…
そうですね～。だいたいいいですよ。

第5章

どれくらいコストが下がるのか

39 あるべき姿の重要性

あるべき姿を描くとやるべきことが見えてくる

　1956年、南極第一次越冬隊により自然環境の厳しい南極大陸の観測が始まりました。日本では初めての南極越冬にあたり、永田観測隊長と西堀越冬隊長が指揮をとり準備をしていました。両者の越冬をするためのアプローチには特長がありました。永田観測隊長の理論は、厳しい自然環境の南極では生命の危険があるため、万全の調査をして越冬可能となった時点で初めて越冬するという、〝石橋を叩いて渡る〟やり方です。一方の西堀越冬隊長はまず越冬することを決めます。そして越冬するために必要な調査をするというやり方です。しかし、調査をしてもわからないことは残るため、不測の事態が起きても耐えられる訓練をして、自信がついた者のみ越冬隊員として連れていく理論です。

　目的達成の大きな壁を破るためには、「西堀理論」のように越冬するために何をすべきかというアプローチが必要ではないでしょうか。すべてを事前に予測して、可能なことだけをやるやり方をしていると現状維持になってしまう恐れがあります。調査してから決めるのと、決めてから調査するのでは、調べる内容も変わってきます。目的達成のため多くの手段はありますが、西堀理論のようにまず目的を決め、目的達成の手段を徹底的に研究し、それを実現するための一番いい方法は何かを考えることです。そうすることにより、チャレンジすべき姿が見えてきます。こうして実行に入れば成功するに違いありません。

　そしてチャレンジすべき姿が見えたら、今度は達成するためのレベルと目標を決めなければなりません。レベルはあるべき姿を求め、目標は達成すべき人の個々によって異なり意思により決まるため、理想を目指すための一つのプロセスにすぎません。したがって、あるべき姿を達成するためには、志は高く、目標は小刻みに考えることが必要です。

要点BOX

- 越冬できるかどうかではなく、越冬するためにどうするかを考える
- 志は高く、目標は小刻みに考える

あるべき姿の重要性と達成への進め方

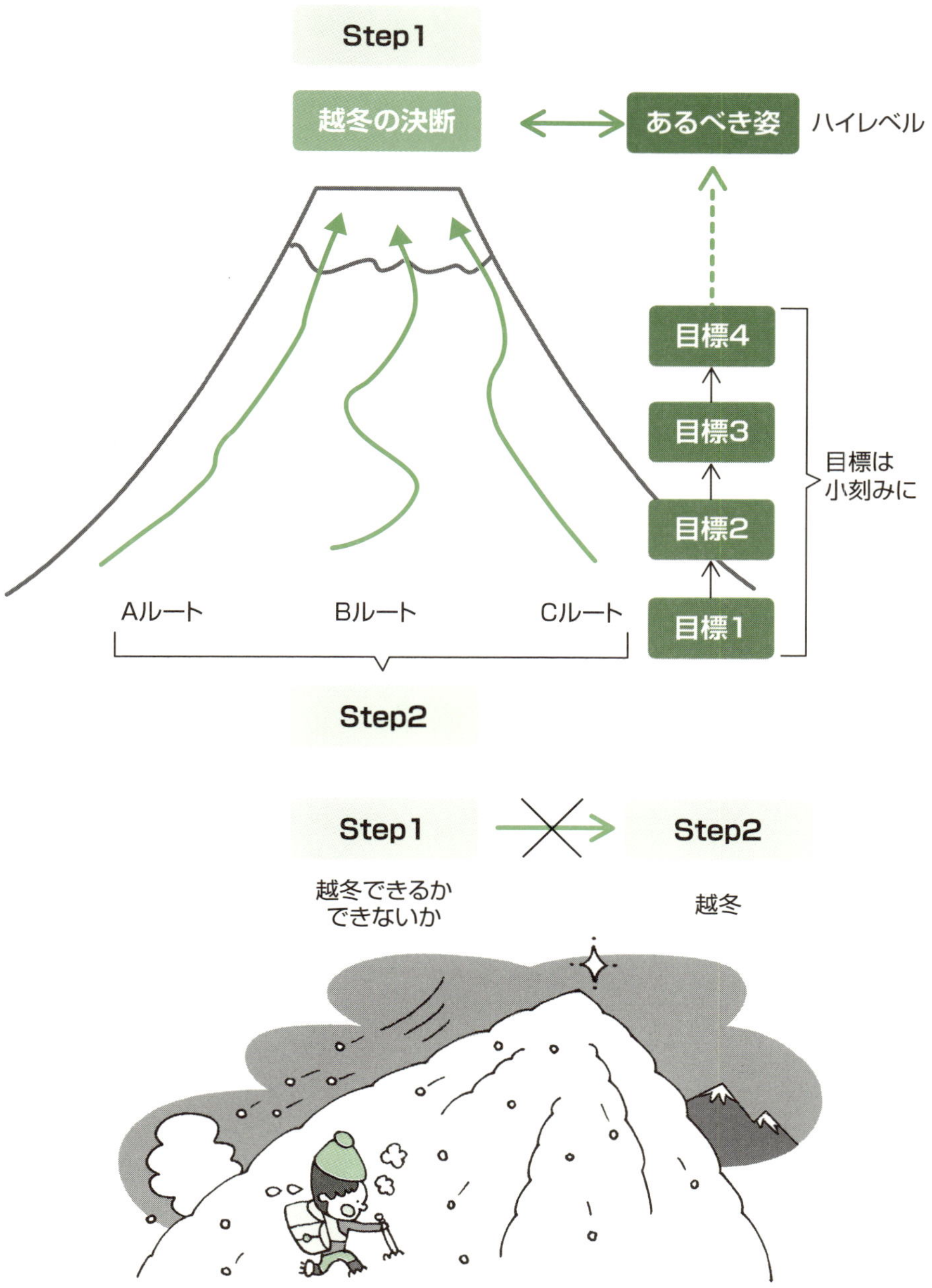

40 問題解決のアプローチ

分析型アプローチと設計型アプローチの違い

問題解決のアプローチには、現状から出発して問題点を探し、改善案を作成する分析型アプローチと、あるべき姿から出発して、現状とのギャップを見つけ、実施可能なレベルで改善案を作成する設計型アプローチがあります。

たとえば組立作業における分析型アプローチでは、作業の分析を行い、作業がやりにくいところや待っている時間、歩行時間が多いなどをピックアップして、ロスを積み上げて改善を行うやり方です。一方、設計型アプローチでは、組立作業において、部品と部品を組み合わせるまさにその作業のみを基本作業と考えます。そして組立と関係のない作業は極力なくし、基本作業のみであるべき作業を構成し改善するやり方です。

いずれのやり方でも、問題解決はできますが、設計型アプローチの方が高いレベルに落ち着き、あらかじめ、あるべき姿で最高のレベルを描いているので、改善方向を見誤ることがありません。

テーマがコストダウンの場合、分析型アプローチによる改善活動は、現状から出発して、積み上げ式にロスや改善のネタを探し、気づいたものを改善対象にするので、時間をかけた割には成果が少なくなります。設計型アプローチの場合、最初にあるべき姿を描き、現状のギャップをコストダウン余地としてとらえます。そして、それを実現する方法は後から考えることにします。改善のアプローチは、積上げ型コストダウンから理想追求型コストダウンへの転換が必要になります。

あるべき姿は、最高のレベルであり、理想の状態は理想原価を見つけることです。理想原価を見つけると、現実の実際原価とのギャップが見えてきます。理想原価と実際原価を比べてみると、それは現状よりはるかに高いレベルにあることがわかります。

要点BOX

●問題点を探し改善案を作成する分析型アプローチとあるべき姿を描き実施可能なレベルで改善する設計型アプローチ

分析型アプローチと設計型アプローチ

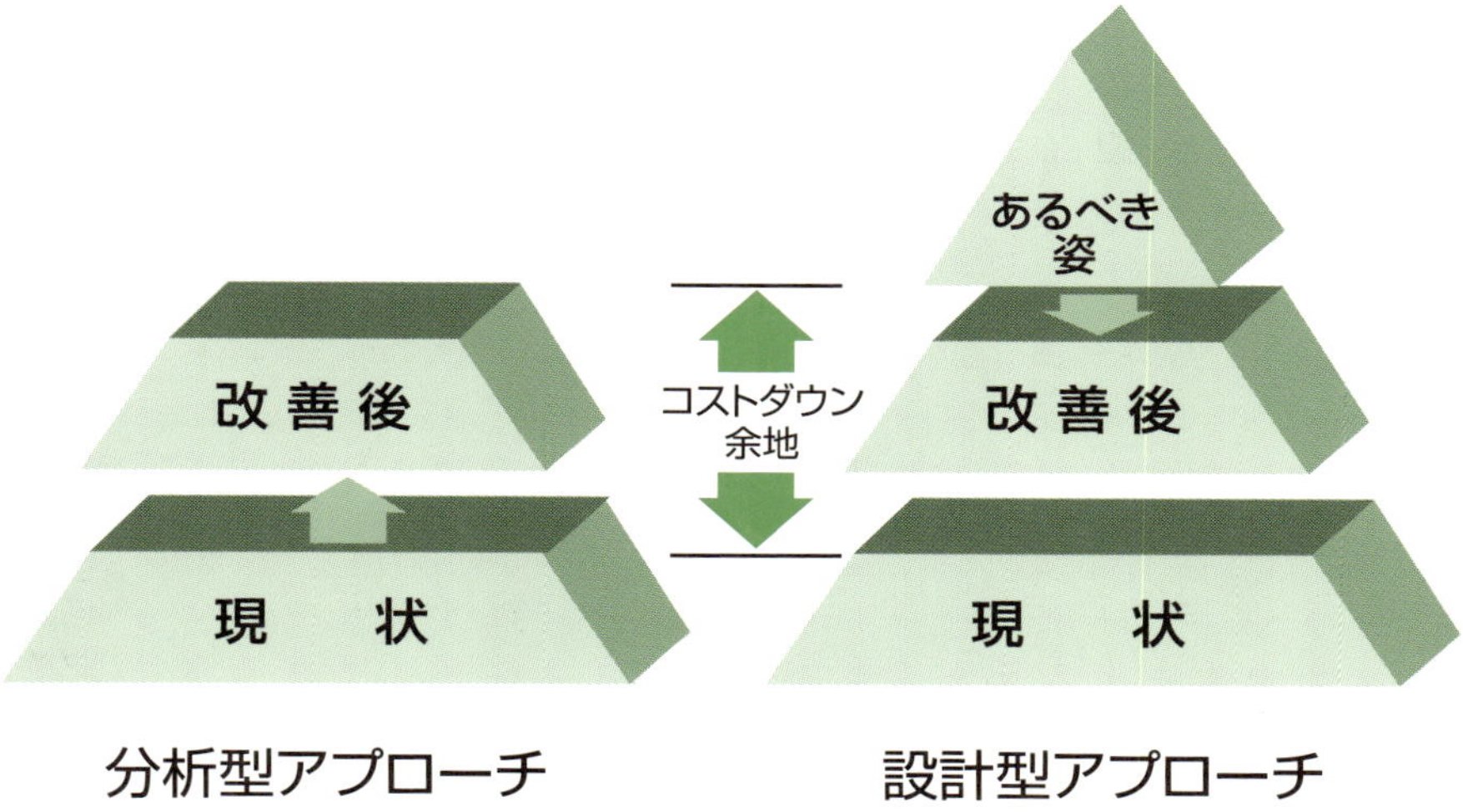

積上げ型と理想追求型

41 二つのあるべき姿の考え方

理想目標原価と理想標準原価

最高レベルのあるべき姿の原価は、究極の原価＝理想原価になります。それには技術段階で行う改善活動に対する理想と、製造・管理段階で行う管理活動に対する二つの理想があります。前者は理想目標原価、後者は理想標準原価です。

これら二つの理想原価を発見するには他に比べるものがなく唯一理想の姿との比較による絶対比較と、他と比較することにより他との優性・劣性を判断する相対比較があります。できる限り絶対比較を用いることが望ましいですが、時間的制約や経済性から相対比較を採用することもあります。ここでは絶対比較について説明をします。

技術段階での理想目標原価を見つける際、絶対比較は基本機能の追求をします。基本機能とは、製品であれば目的とする構造、工程であれば加工・組立の目的の作業です。絶対比較をして基本機能を追求すると、設計段階と生産技術段階での多くの改善余地を発見することができます。製造・管理段階での理想標準原価を見つける際、絶対比較は理論値の追求をします。理論値とは、これだけあれば製品が作れるという、材料の量や作業時間です。できる限り絶対比較の理論値を追求することを勧めます。理想目標原価と理想標準原価の詳しい内容については、次項以降に解説します。

このように、コストダウン余地がどれくらいあるかを見えるようにするには、この二つの理想原価を見つけ出すとよいでしょう。具体的な改善案がある場合のコストダウンの効果予測はやさしいですが、それがない場合でも、この二つの理想原価を使って、改善のやりやすさの分析をすることができます。対象に取り上げた製品・工程にコストダウンのやりやすいものが多く含まれていると、その効果も大きいと予測することができます。

要点BOX

- 技術段階は理想目標原価、製造・管理段階は理想標準原価を目指す
- 理想原価でコストダウン余地を見える化する

理想目標原価と理想標準原価

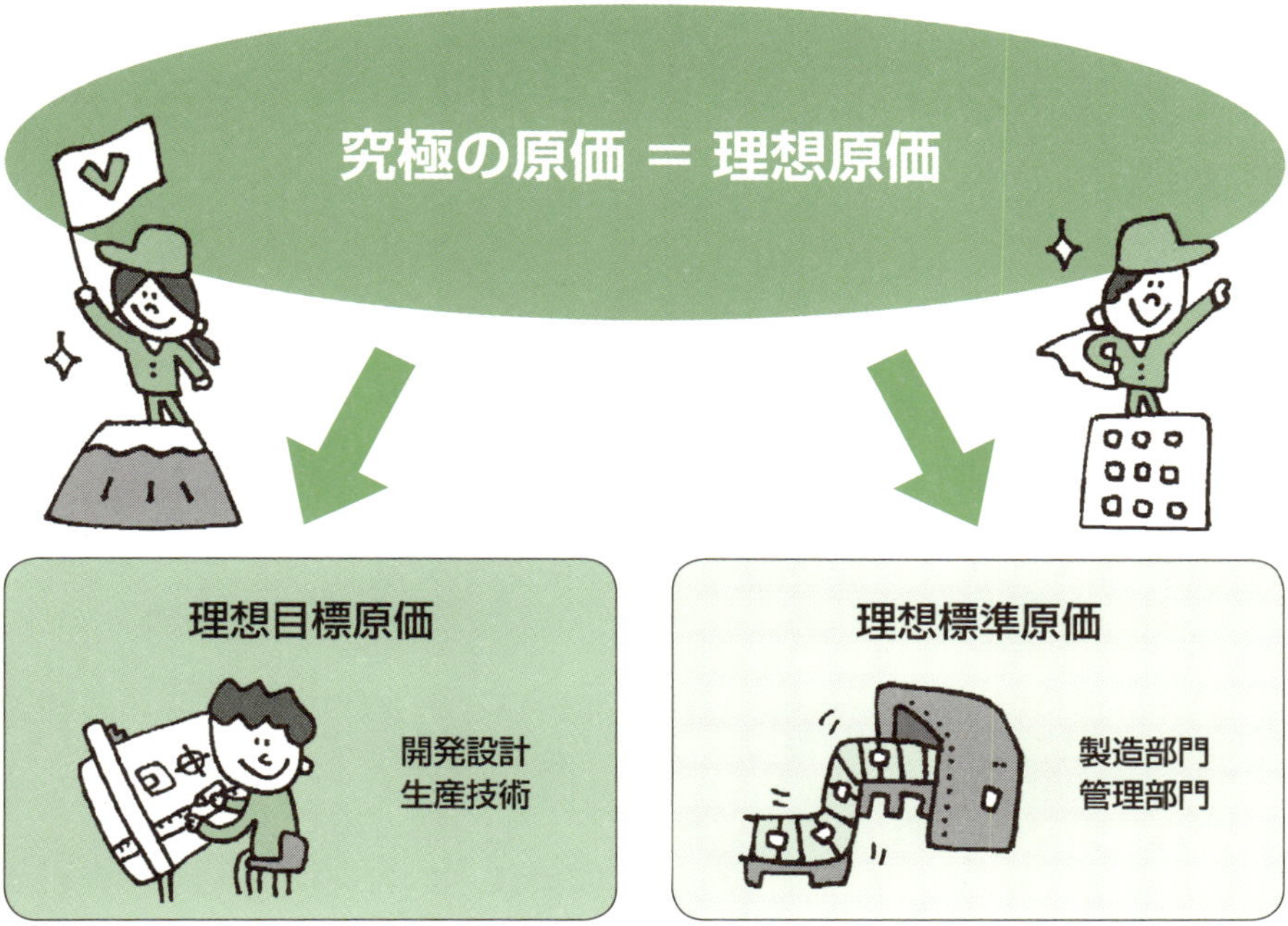

理想目標原価と理想標準原価の追求と責任部門

責任部門	役割	理想原価	絶対比較
開発設計 生産技術	改善活動	理想 目標原価	基本機能の追求
製造部門 管理部門	管理活動	理想 標準原価	理論値の追求 標準・実際比較

42 材料費の基本機能とは

製品の設計上不可欠な機能を有する材料

最初に技術段階で求める理想目標原価について、材料費を低減し理想材料費を見つける方法から解説しましょう。図はコストダウン対象となった製品の構成を、改善のやりやすさから基本機能、補助機能、ロスの三つに分けたものです。

材料費でいう基本機能は、製品の設計上不可欠な機能を有する材料で、製品の持つ本来の機能に直結する目的そのものであり、その機能がないと製品として成り立たない材料です。車に例えると、車を走行させるエンジン、止めるためのブレーキなどが基本機能です。

補助機能は手段であり、基本機能を補助しているものと、必ずしもその機能がなくても製品として成り立つものがあります。基本機能を補助しているものには車の車台のプラットフォーム、機能がなくても製品として成立するものにはコンポーネントステレオ、カーナビゲーション、ETC車載器などがあります。

ロスは投入した材料が完成品にならない技術歩留ロスです。これには製品設計において設計技術上形状から発生してしまうスクラップなどの削り代や端材ロスと、工程設計において生産技術上発生する掴み代、突切代、気化、液化ロスなどがあります。車に例えると、ボディーをプレスして残ったスクラップなどをいいます。

あるべき姿である理想材料費は、基本機能＋補助機能の1／2で求めます。改善が最もやりにくい基本機能の改善余地は0%、最もやりやすいロスの改善余地は100%とし、その中間にある補助機能の改善余地は50%と推定する考え方で構成されています。もちろん、基本機能だけでできる製品設計に挑戦していきたいのですが、現実には基本機能だけで構成されている製品はほとんどありません。

要点BOX

- 製品構成を基本機能、補助機能、ロスで分ける
- 理想材料費は、基本機能＋補助機能の1/2

材料費の構成と理想材料費

投入材料		
完成材料		技術歩留ロス
基本機能 製品の設計上不可欠な機能を有する材料	補助機能 基本機能を補助する材料	・設計技術上発生する歩留ロス ・生産技術上発生する歩留ロス

←基本機能材料費→

←理想材料費→　←改善余地→

基本機能 × 補助機能1/2

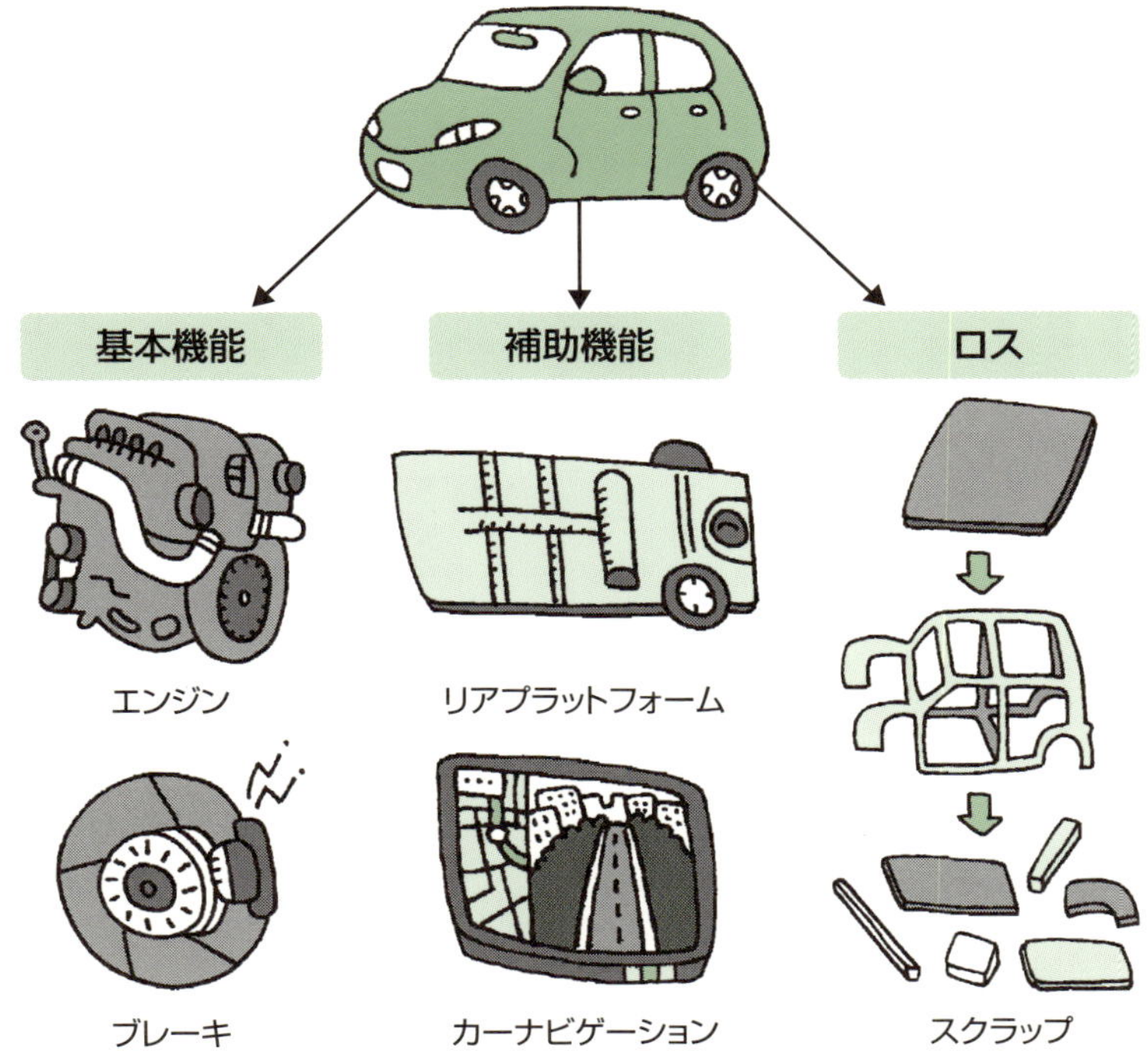

43 理想材料費を追求する

改善余地は補助機能とロスにある

　ある部品の基本機能・補助機能・ロスを分析し、具体的な改善を考えてみましょう。このφ100㎜、厚さ1・2㎜の円盤状のカバーは、穴の開いた円筒形のカラーの穴を塞ぐために4本のボルトで固定され、105㎜×105㎜の正方形の鉄板からプレス工程で作られています。

　投入材料は105㎜×105㎜の正方形の鉄板で、プレスで抜かれたカバー以外の端材（スクラップ）がロス（歩留ロス）になり、歩留率は71％（$\pi \times 100^2/4 \div 105 \times 105$）です。そして、円盤状のカバーの部分に基本機能と補助機能が存在します。

　カバーの目的は、円筒形の部品の穴を塞ぐことです。つまり基本機能は、穴の直径に対応するφ50㎜のハッチングを付した部分になります。カラーへ取り付けるドーナツ状の部分は、部品を取り付けるために存在しているので、部品を固定するという補助的な意味で補助機能と考えます。以上の結果を、図の寸法に従って計算をして理想材料費を計算すると改善余地は55・5％になりました。これらの結果を使い改善案を考えてみましょう。

　歩留ロスを少なくする改善案は、図のように投入する材料の形状を平板、量産ものであればコイル材を使用すると効果的です。次に補助機能に着目します。カバーの補助機能の目的は、カラーへカバーを固定することです。固定をするという目的を満たすならば、現在ボルト4ヶ所で固定をしていますが、3ヶ所、2ヶ所、1ヶ所、0と考えていくと、取付形状もそれに合わせて変化して、丸から四角、はめ込み式など考えていくことができます。

　理想材料費を求め実際に改善してみると、それに近いところまで実現できます。そして改善結果を見るとロスの改善効果がもっとも大きく、次いで補助機能、基本機能の順になります。やはり、改善のやりやすいものには、多くの改善アイデアが出るものです。

要点BOX

- ●製品の機能を考え基本機能と補助機能を区別
- ●歩留ロスは作り方で、製品の機能追求で補助機能は改善できる

基本機能・補助機能・ロスの具体的な考え方

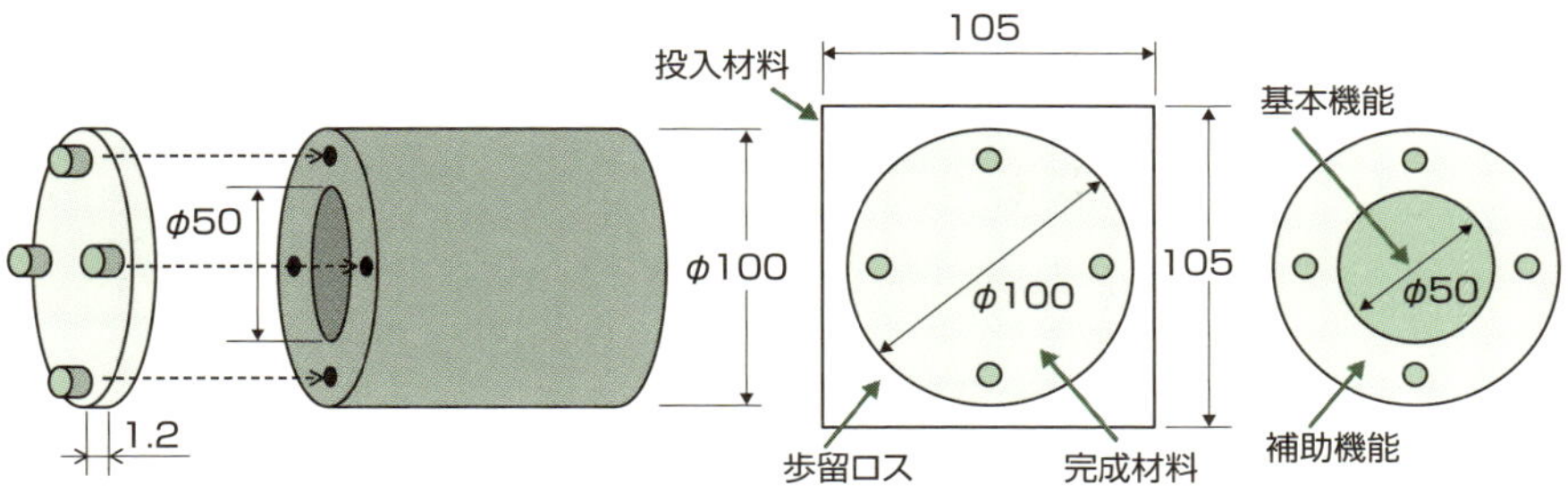

・歩留ロス ＝ 投入材料 − 完成材料(円盤)＝(105 × 105 − π100^2／4) × 1.2t ①
・基本機能 ＝ π50^2／4 × 1.2t ②
・補助機能 ＝ 完成材料(円盤) − 基本機能(穴の部分) ＝ π(100^2−50^2)／4 × 1.2t ③
∴ 理想材料費 ＝ 基本機能 ＋ 補助機能／2 ＝ ② ＋ ③／2
改善余地率 ＝ (投入材料 − 理想原価)／投入材料 ＝ 55.5%

作り方で歩留ロスを改善

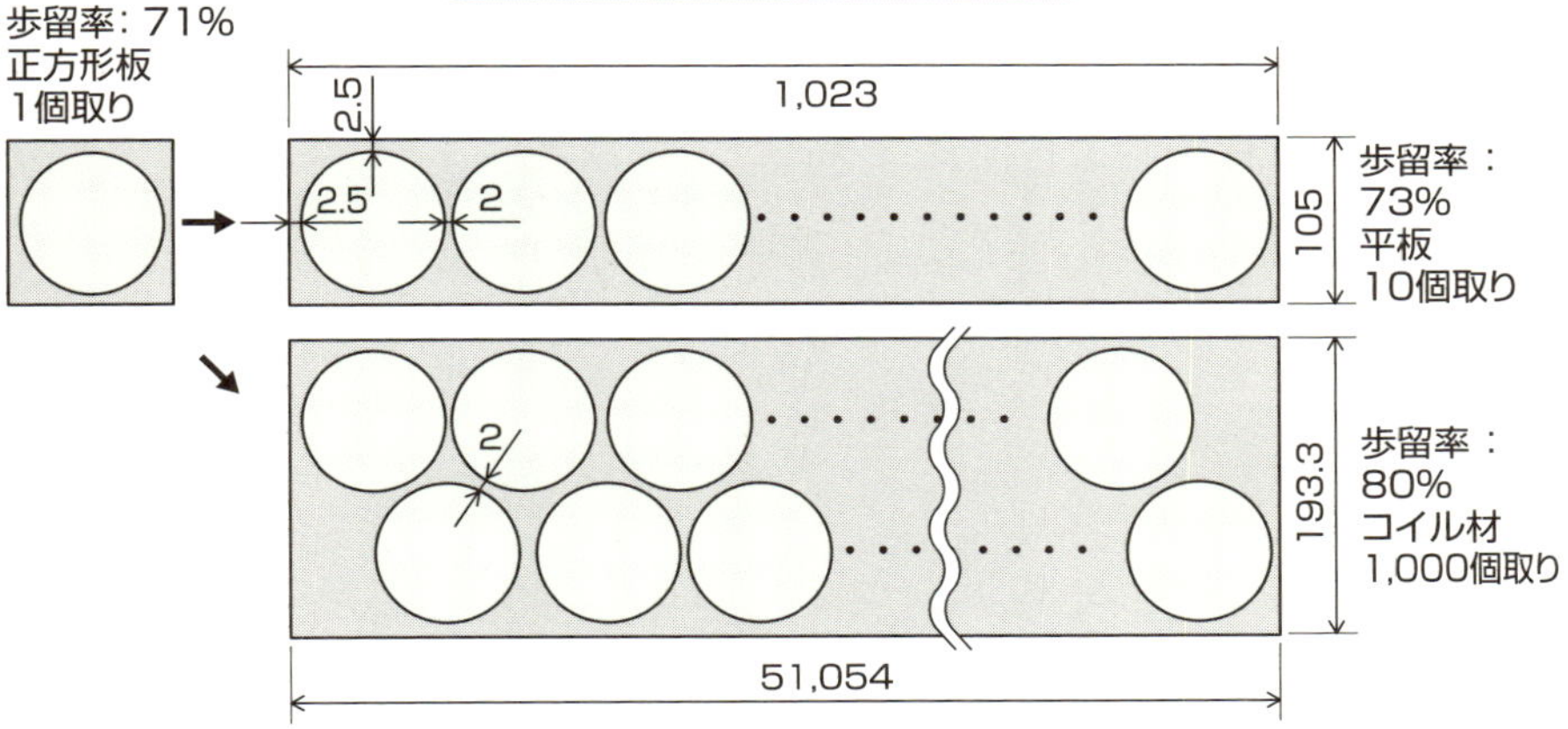

製品の機能追求で補助機能を改善

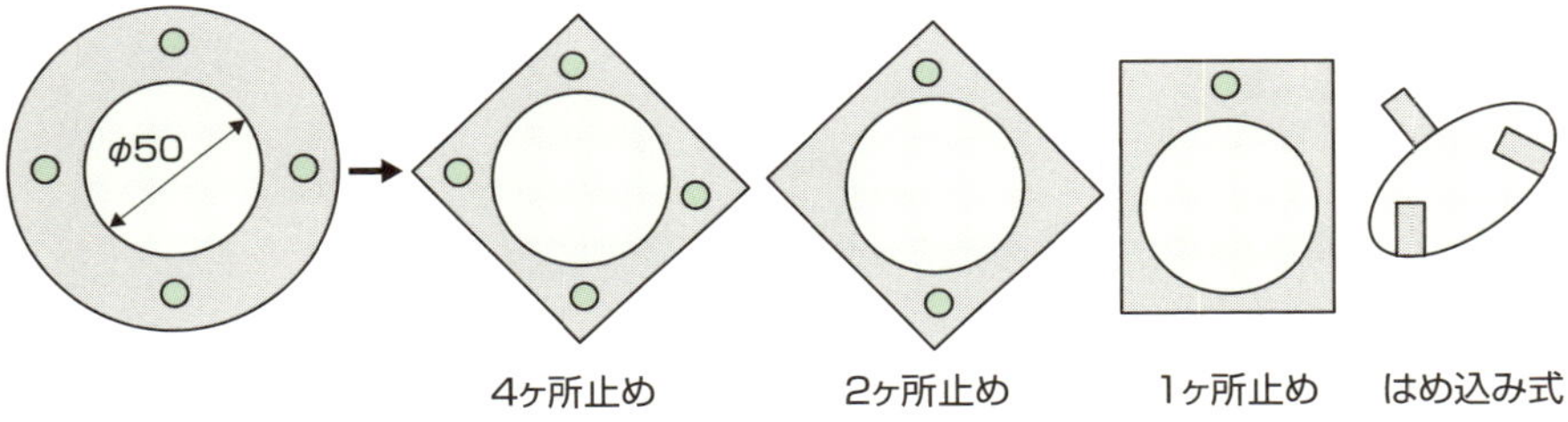

44 加工費の基本機能とは

次に技術段階の生産技術で加工費を低減し理想加工費を見つける方法を解説しましょう。図はコストダウン対象となった加工時間は、主体作業とそれ以外の付帯作業、段取り時間、メソッドロスで構成されています。

加工費でいう基本機能は、切ったり、削ったり、組み立てたりして、加工、変形、変質を伴う作業です。補助機能は、取り置き、運搬、治具セット、検査などの手段として基本機能を補助している作業になります。ロスはライン生産において、同期生産での各工程のサイクルタイムが均一でないために発生するバランスロスと、複数の人や機械での作業において、それぞれが干渉し合って発生する干渉ロスがあります。

理想加工費は、基本機能＋補助機能の1/2、改善余地はロス＋補助機能の1/2で求めます。材料費と同様に、改善が最もやりにくい基本機能の改善余地は０％、最もやりやすいロスの改善余地は１００％とし、その中間にある補助機能の改善余地は50％と推定する考え方で構成されています。

改善余地の大きさを簡単な例で説明しましょう。図は２人の作業者が同時にA、B部品の加工を行っています。基本機能は、A部品とB部品の加工であり、部品の取付け・取外しが補助機能になります。この作業方法では、加工時間の合計が16秒、基本機能時間が８秒なので、基本機能比率が50％（８秒÷16秒×１００）、補助機能比率が50％となります。

これに対して、改善後は１人の作業者でA、B部品の加工を行ってみます。この作業方法では、加工時間の合計が12秒、基本機能時間が８秒なので、基本機能比率が67％（８秒÷12秒×１００）、補助機能比率が33％です。このように作業分担を替えるだけで、補助機能比率が50％から33％に低減します。改善があるべき姿に近づいているかは、基本機能の比率を見ていくことにより判断ができます。

要点BOX

- ●対象作業の構成を基本機能、補助機能、ロスで分ける
- ●理想加工費は、基本機能＋補助機能の1/2

加工費の構成と理想加工費

<table>
<tr><th colspan="5">加工時間</th></tr>
<tr><td colspan="2">主体作業</td><td>付帯作業</td><td>段取作業</td><td>メソッドロス</td></tr>
<tr><td>基本機能
製品の加工・変形・変質などを伴う作業</td><td>補助機能
基本機能を補助する作業</td><td>非サイクル作業</td><td>準備・後始末作業</td><td>バランスロス
干渉ロス</td></tr>
</table>

←基本機能加工費→

←理想加工費→ ←改善余地→

基本機能 × 補助機能1/2

加工費の基本機能

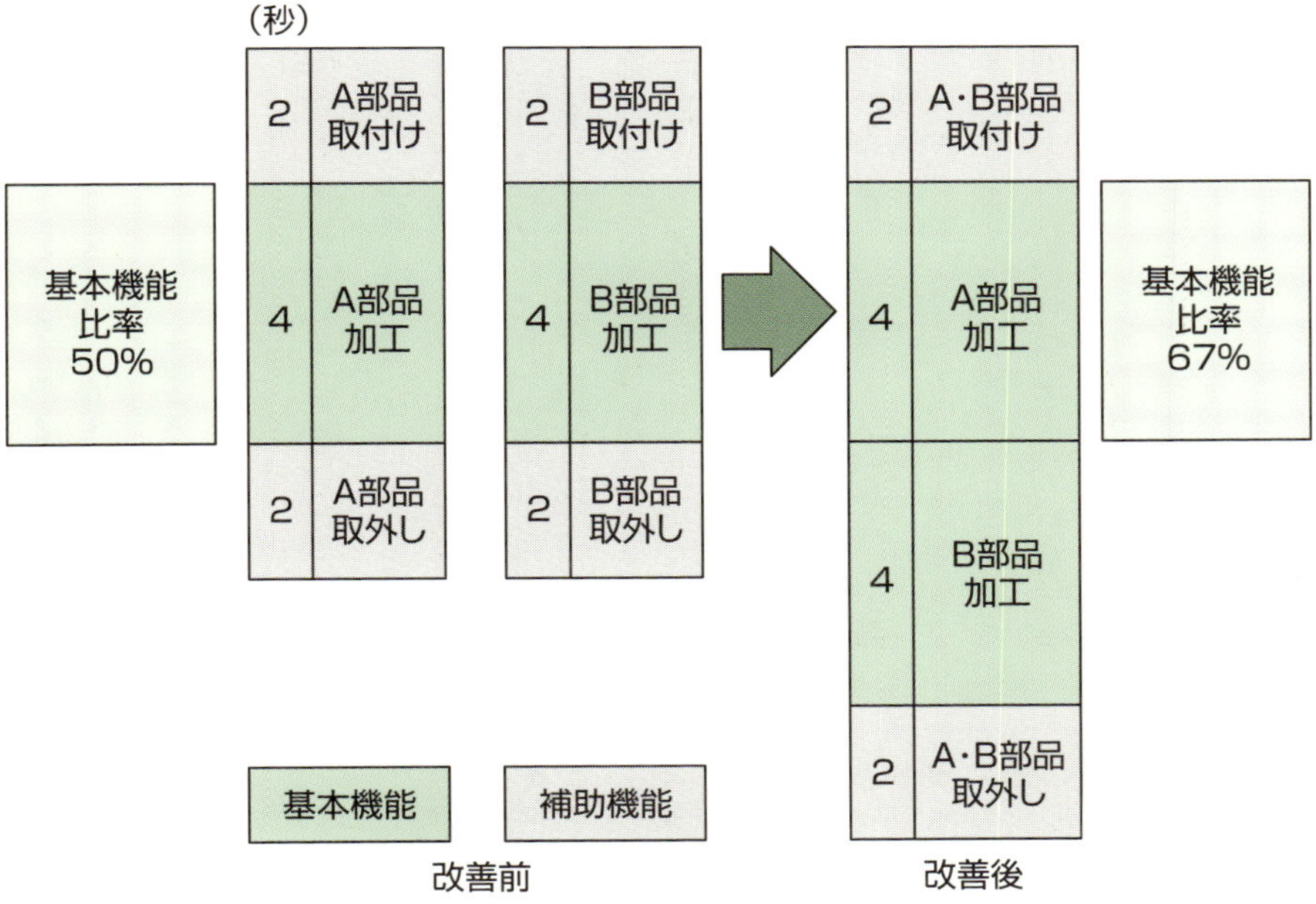

45 理想加工費を追求する

改善余地は補助機能とロスにある

加工の基本機能を見つけるには、まずどこからどこまでが改善対象となるかを決めます。改善対象が余り大きすぎる状態で分析をすると基本機能が少なくなる傾向があります。図に示すように、工場に材料がインプットされてから製品として工場からアウトプットされるまでのプロセスを、小物ライン、箱詰ラインというような名称をつけて、いくつかの活動単位に分けています。この分割単位を一つの改善対象とし、そこにインプットされた材料が製品としてアウトプットされるまでの一連の処理工程を分析します。

通常、機能分析を行う作業レベルは単位作業です。図の箱詰ラインでは、〝部品入れ〟〝封函〟〝ラベル貼〟が基本機能で、それ以外の〝箱作り〟〝箱セット〟〝仕分け〟〝その他〟は補助機能の単位作業です。

機能分析の結果、定義された単位作業（オペレーションレベル）で直接時間研究またはワークサンプリングの手法を用いて、基本機能、補助機能、ロスの比率を算定します。直接時間研究はビデオまたはストップウォッチを用いて、人または機械の行っている作業を観測する方法です。ワークサンプリングとは、人が行っている仕事の種類、機械の稼働状態などを瞬間的に観測し、それらの観測の積み重ねによって、各観測項目の時間構成や、その推移状況などを統計的に推測する方法です。図はワークサンプリングの結果、それぞれの機能の構成比率を算定したものです。

8時07分に現場に行って、9人の作業員の単位作業を見ると、箱作りに3人、部品入れに5人、封函に1人の作業員が作業していたことがわかります。このような観測を複数回繰り返した結果、合計の観測回数180回の中で108回が〝部品入れ〟〝封函〟〝ラベル貼〟などの基本機能で、度数で60%、人数で9人中5・4人が算定されました。補助機能、ロス比率も同様に算定します。

要点BOX

- 基本機能とは加工、組立、変形、変質を伴う作業
- 機能分析は直接時間研究またはワークサンプリングで行う

基本機能はどれか

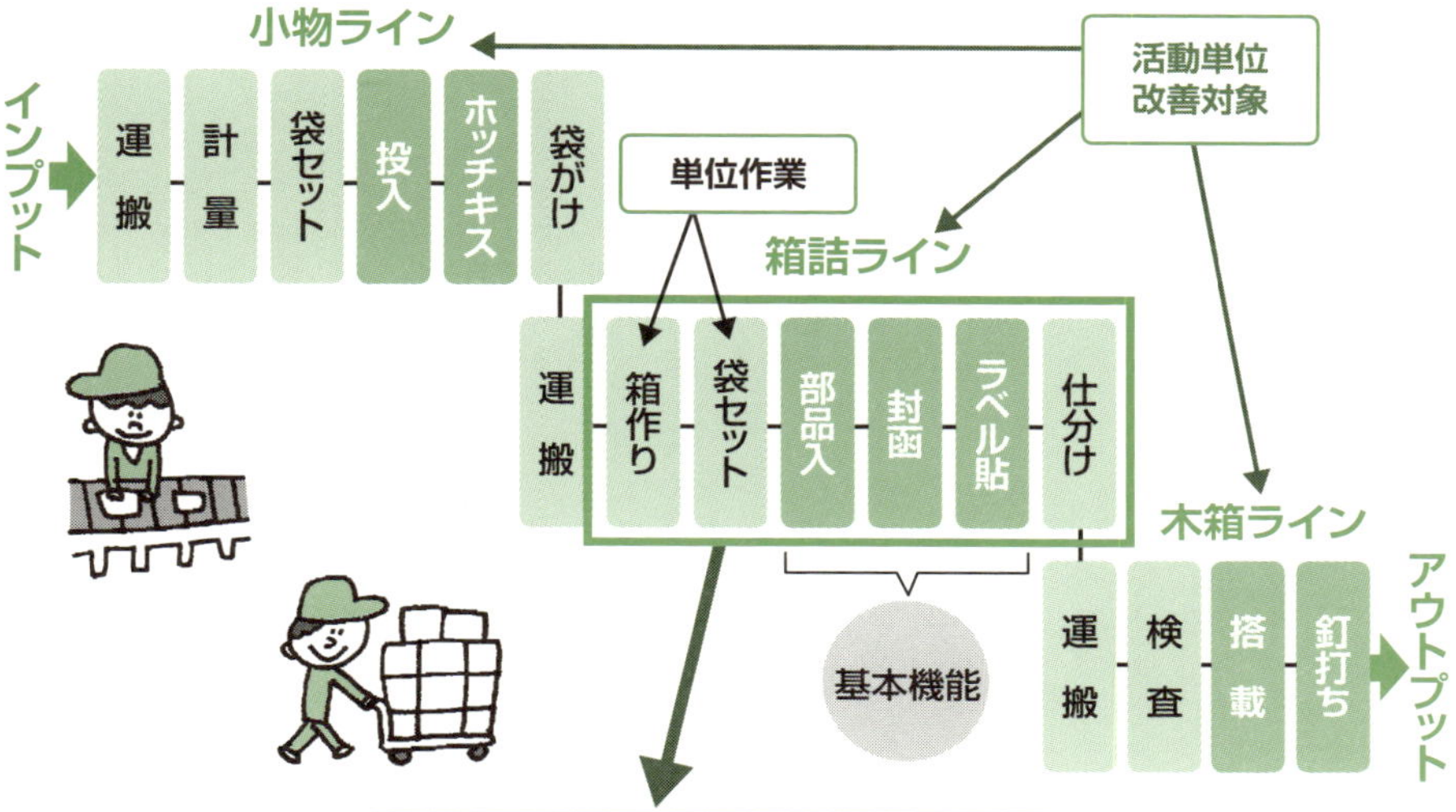

ワークサンプリングによる機能分析

作業	機能分析 基本機能	補助機能	ロス	観測時刻 8:07	8:12	8:27	8:45	9:07	9:19	合計 回	度数 %	人数 人
箱作り		○		///	//		//	///	//	30	16.7	1.5
箱セット		○				/				4	2.2	0.2
部品入れ	○			卌	///	////	//	/	//	76	42.2	3.8
封函	○			/	//	/	//	/	//	20	11.1	1.0
ラベル貼	○					/	/		/	12	6.7	0.6
仕分け		○			//	/	//	/	//	20	11.1	1.0
その他		○				/		///		18	10.0	0.9
合計				9	9	9	9	9	9	180	100	9.0

基本機能
・回数：76 ＋ 20 ＋12=108回
・度数：42.2 ＋11.1＋ 6.7 ＝ 60%
・人数：3.8 ＋1.0 ＋ 0.6= 5.4人

76 ÷180 ＝ 42.2%

9人 ×42.2% ＝ 3.8人

46 理想標準原価とは

達成可能な最大操業度のもとで、最高能率を表わす最低の原価

製造・管理段階のコストダウン余地を予測することは、技術段階の改善余地の予測よりやさしく求めることができます。それは現状の設計・作り方を前提にした、あるべき姿の理想標準原価を見つけることだからです。少し難しい表現ですが、理想標準原価とは『技術的に達成可能な最大操業度のもとで、最高能率を表す最低の原価を言い、減損、仕損、遊休時間などに対する余裕率を許容しない理想的水準における原価』と定義されています。

定義の中で技術的に達成可能な最大操業度とは80%～100%を言います。操業度は負荷÷能力なので、80%～100%とは工場の持っている能力を最大限に発揮し、仕事がほぼ目一杯入っている状態を言います。また、最高能率とは、材料費は歩留率100%、不良0、生産性は能率100%、稼働率100%の状態を言います。

歩留率100%とは投入された材料が、製造・管理部門の責任範囲において、すべてが製品になることを前提としています。この中には、プレス加工などの端材（スクラップ）や機械加工の削り代などの技術歩留ロスは、技術部門が管理するものとして標準原価に含まれています。これらは、製造・管理部門では対応ができないからです。また、不良については当然ですが、一切の不良を認めない不良0の状態を言います。能率100%とは標準時間に対して、すべての作業者が標準時間どおりに作業することを意味します。稼働率100%とは、稼働ロス0を意味するので、材料・機械故障などの手待ち、職場内朝礼、会議・打合せなどが一切ない状態です。

このように理想を考えるとロスが見えるようになります。管理者は、いつも職場でこの理想状態を頭に描きながら、現状とのギャップを把握し、常に何をすべきかを考えることが重要なのです。

要点BOX

- ●達成可能な最大操業度は80%～100%
- ●最高能率とは、歩留率100%、不良0、能率100%、稼働率100%

最大操業度を目指す生産体制

理想標準原価とは

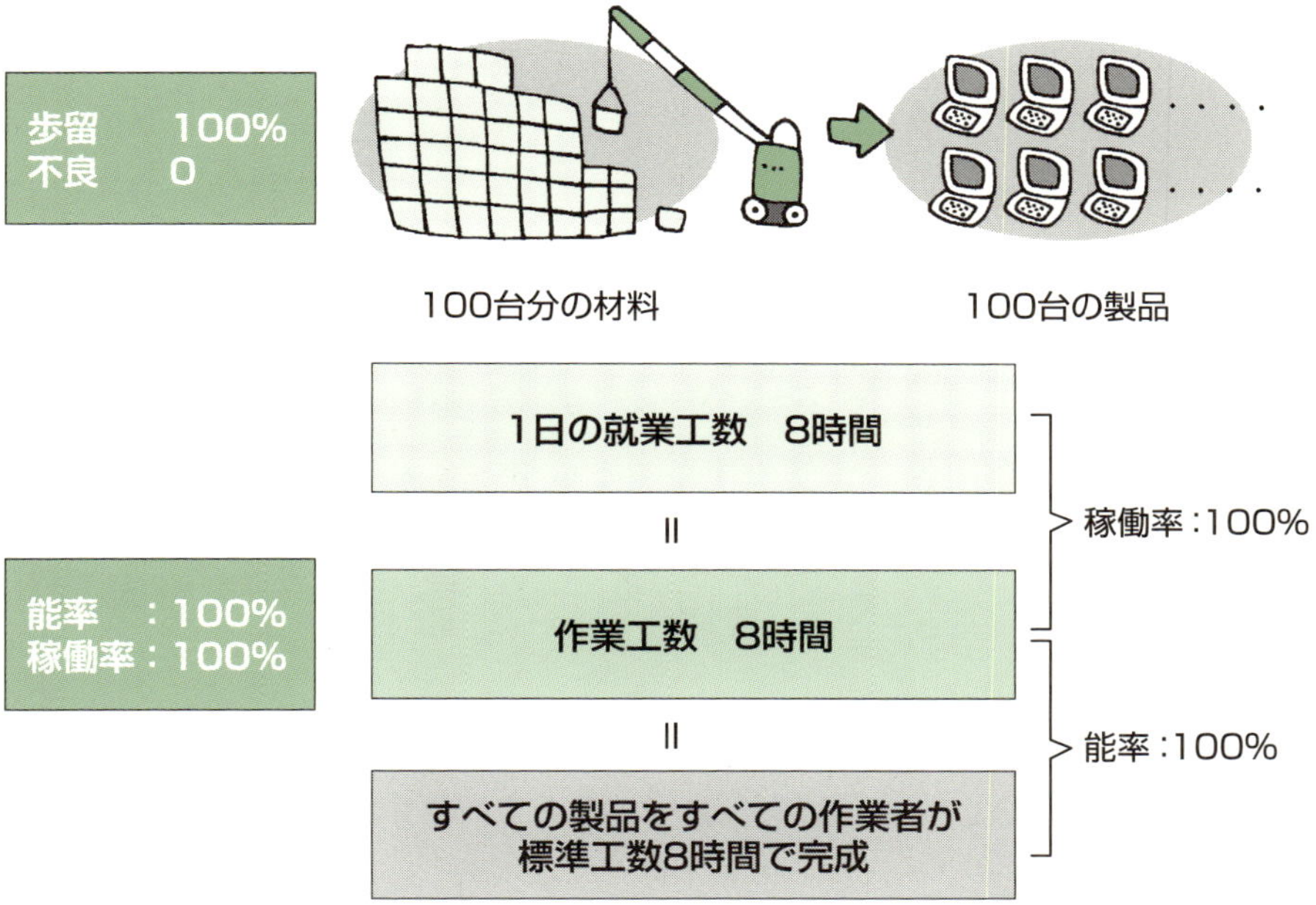

47 絶対比較によるコストダウン余地の求め方

実際原価と理想標準原価の差で求める

製造・管理段階の理想標準原価を見つけるには、絶対比較による理論値を追求する方法がありました。絶対比較による理論値の追求例を説明しましょう。

理論値を追求するには、社内で生産している材料費と加工費にあてはめていきます。材料費は、1製品を生産するのに必要な材料消費量を計算します。たとえばパソコンであれば、CRTやキーボード、フレームに使用される材料消費量を図面から理論的に求め、それぞれの材料単価を乗じて計算します。また、購入品の電子部品は購入単価と必要数から材料費を計算します。加工費は、工程別に機械加工時間や組立時間を標準時間より理論的に求め、1時間当たりのレートを乗じて計算します。このように1個を作るために必要な標準原価を求め、実際に生産した良品の月産量を掛け算して、1ヶ月分の理想標準原価を計算します。たとえば、標準原価が10万円のパソコンを今月は70台生産したとすれば、合計が７００万円の理想標準原価になります。

次に、製造現場で実際に使用された実際材料消費量、就業工数、人員などの物量値より、経理部門が実際に発生した1ヶ月分の実際原価を求めます。実際原価は不良の発生、材料・機械故障などの手待ち、不慣れな作業者による能率低下などの影響で、実際に１０００万円かかったとします。製品1個の標準原価に、1ヶ月間に生産された生産数を掛けた理想標準原価の合計が、実際にかかった実際原価との間に差があれば、そこにコストダウン余地があります。すなわち、この実際原価と理想標準原価との差の３００万円（１０００万円－７００万円）がコストダウン余地になります。

つまり、理論値のあるべき姿の理想標準原価と、あるがままの実際原価とを比較することによって、製造・管理段階のコストダウン余地を分析することができます。

要点BOX

●製品1個を作るために必要な標準原価を理想標準原価といい、実際原価との差がコストダウン余地である

理想標準原価よりコストダウン余地を求める

経理で把握する実際原価、
実際材料消費量、
就業工数、人員

実際原価
1,000万円

理想標準原価
10万円×70台=700万円

コストダウン余地
300万円

一製品を生産するのに
必要な材料消費量、工
数、などの理論値

材料費・加工費の理論値

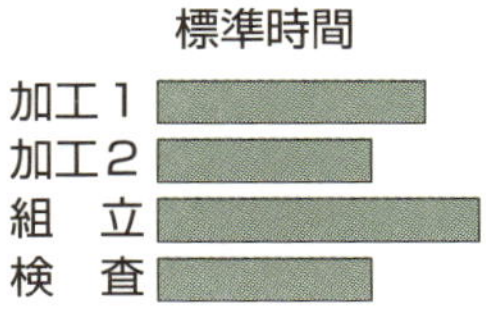

材　料　費：材料単価/kg・個×材料消費量(kg・個数)
変動加工費：変動費レート/Mr×工数
固定加工費：固定費レート/Mr×工数
設　備　費：設備費レート/Hr×時間

Column

管理は測定から始まる

　みなさんは、年に一度は会社の健康診断や人間ドックで検診を受けられていることでしょう。厚生労働省の調査によれば、全国の5000人以上の事業所では90％以上、50人以上の事業所でも80％以上の方が、定期健康診断を受診しています。そのうち、3〜4割の方がなんらかの異常が認められ、処置をしているようです。日本が長寿命国である所以が、受診率の高さと早期発見にも大きく貢献しているのではないでしょうか。

　定期健康診断や人間ドックの目的は、体の各部の測定を行い、一般に健康とされている基準値と比べ、異常を発見することです。中高年の間に浸透しているメタボリックシンドローム（通称メタボ：代謝症候群）は、日本肥満学会の基準によると、内臓脂肪肥満に高血糖・高血圧・脂質異常症のうち二つ以上を合併した状態を言います。内臓脂肪肥満とは男性が腹囲85㎝以上、女性が90㎝以上を言い、高血糖とは血糖110㎎／dL以上、高血圧とは血圧130／85㎜Hg以上、脂質異常症とは中性脂肪150㎎／dL以上またはHDLc40㎎／dL未満です。このように具体的に数値が示されると、診断結果を見て食事の量や揚げ物は控えようかなど自己管理にも身が入ってきます。まずは、測定をすることにより管理が始まっていくのです。

　現場でも、実態を測定し、あるべき姿と比較をして、常に何をすべきかを考えていきたいものです。

第6章

日々の原価管理でコストを下げる【改善編】

48 材料費のロスは四つある

購買効率ロス・不良ロス・製造歩留ロス・技術歩留ロス

原価管理を進めていくためには、「誰が」「何を」「どれくらい」を明確にし、技術部門は目標原価を、製造・管理部門は標準原価を、あるべき姿として管理することが重要であると、これまで述べてきました。ここで、材料費の理想材料費、標準材料とロスの関係について、各部門が管理すべき具体的な内容について整理しておきましょう。

図は材料費のロスの体系を表しています。縦軸は単価、横軸は消費量を表し、これらの掛け算である全体の面積は実際材料費です。実際材料費は標準単価と標準消費量を掛けた標準材料費を上回り、単価と消費量にロスが出ています。縦軸の標準単価をオーバーする部分は、高い単価の材料を購入したことによる購買効率ロスで、横軸の消費効率ロスは、次のように把握します。

標準材料は、製品を1個作るための必要な標準消費量に良品生産量を掛けたもので、標準材料をオーバーする部分は、標準どおり生産できなかったことによる消費効率ロスを示しています。この消費効率ロスの内訳は製造歩留ロスまたは不良ロスになります。したがって、標準材料消費量は不良ゼロ、製造歩留100%(規格どおりの製品ができた状態)で設定しています。

さらに、図の標準材料の下にある完成材料消費量は、製品についていき顧客に引き渡される材料です。完成材料消費量と標準材料の差が第5章で説明をした技術歩留ロスになります。標準材料には現在の設計上、製法上必要な材料として完成材料と技術歩留ロスが含まれています。これは設計部門の設計改善または生産技術部門の製法改善を行うことによって低減できます。

購買効率ロスは購買部門、製造歩留ロス・不良ロスは製造部門、技術歩留ロスは設計と生産技術の技術部門で管理をしていきます。

要点BOX

- 実際材料費と標準材料費のロスは単価と消費量の二つある
- 消費効率ロスには製造歩留ロスと不良ロスがある

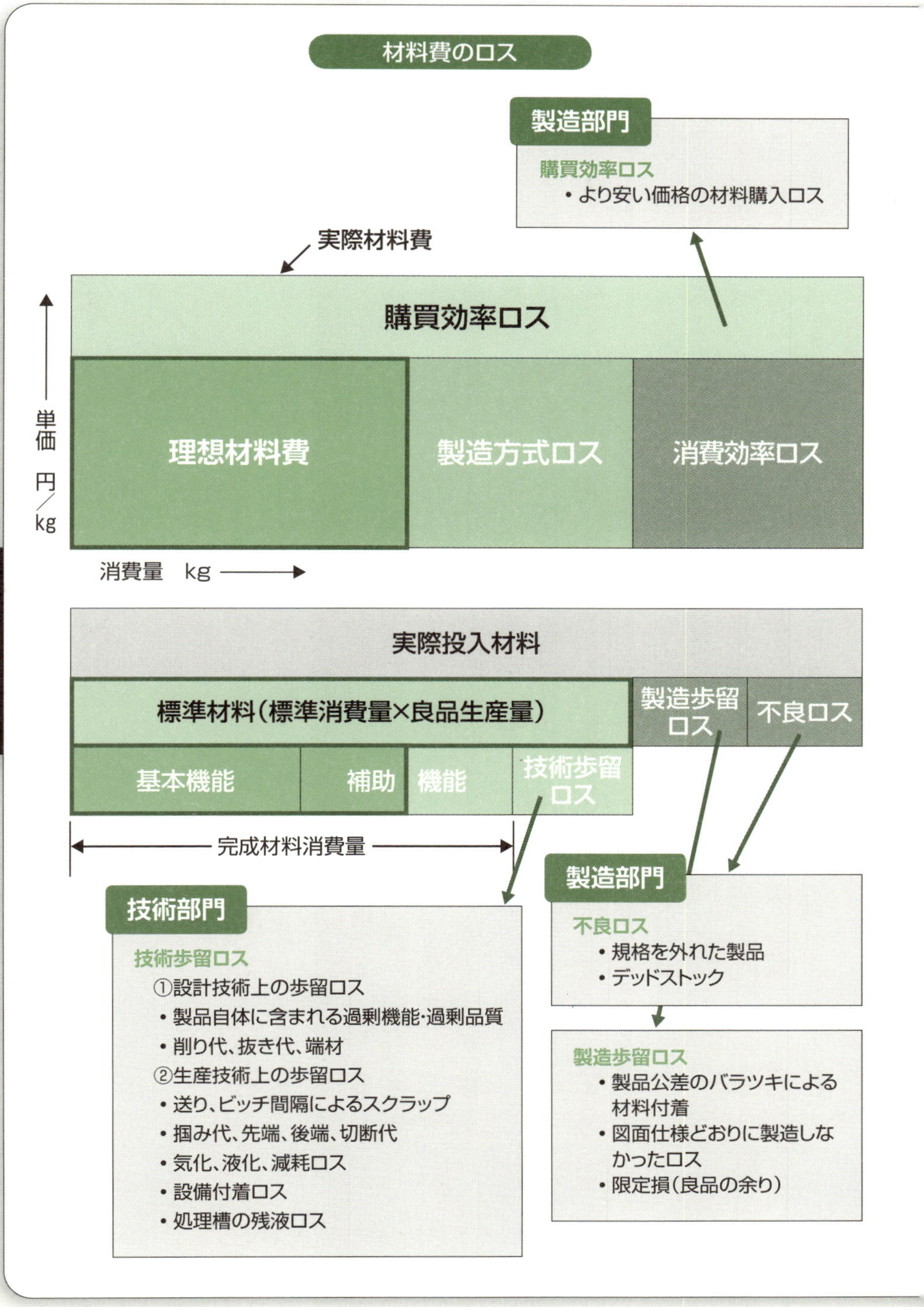
材料費のロス
製造部門
購買効率ロス
・より安い価格の材料購入ロス
実際材料費
購買効率ロス
単価 円／kg
理想材料費
製造方式ロス
消費効率ロス
消費量 kg
実際投入材料
標準材料（標準消費量×良品生産量）
製造歩留ロス
不良ロス
基本機能
補助
機能
技術歩留ロス
完成材料消費量
技術部門
技術歩留ロス
①設計技術上の歩留ロス
・製品自体に含まれる過剰機能·過剰品質
・削り代、抜き代、端材
②生産技術上の歩留ロス
・送り、ピッチ間隔によるスクラップ
・掴み代、先端、後端、切断代
・気化、液化、減耗ロス
・設備付着ロス
・処理槽の残液ロス
製造部門
不良ロス
・規格を外れた製品
・デッドストック
製造歩留ロス
・製品公差のバラツキによる材料付着
・図面仕様どおりに製造しなかったロス
・限定損（良品の余り）

49 材料のロスの見える化

工程別の分析でロスの多い工程を把握する

材料のロスを見えるようにするには、投入した材料が完成品とならずロスになる工程を見える化することです。図はアルミ製品を加工している精密自動車部品の例です。

投入材料はビレットと呼ばれる、長さ6mの電柱を思わせるアルミの材料です。これを1mに切断し、加熱をして押出工程で棒状の材料に成形します。そして押出工程で発生する品質レベルの低い部分を除去し、熱処理工程において炉の制約があるため定尺寸法へ切断します。さらに、製品の外形寸法に切断し、マシニングセンタにて最終形状に加工します。これらの工程を経て、ある品番の1ヶ月の投入が212,240kg（100%）に対し、完成は144,323kg（68%）、この差が67,917kgで32%の歩留ロスが発生していました。

投入された1/3がロスになり、材料がアルミのため大きなロス金額が発生しています。工場ではロス金額が大きいことはわかっていましたが、定量的な把握がされていなかったため、図の6工程に対しサンプリング調査を行いました。最も大きいロスが押出工程の15%、次に材料切断の6%、結合部分切断4%、最終形状切削3%……と続いています。不良によるロスが発生しているのは、結合部分切断の4%でロスは第3位になっています。不良を低減することは大切ですが、原価を考えると押出工程の15%を徹底管理することが最優先です。調査の結果、15%の内容は製造歩留ロスが1/3、技術歩留ロスが2/3なので、部門別にテーマの洗い出しを行い、ロスを0にするための対策を講じていきました。精密自動車部品用のアルミ材のため、再使用することができないのでリターン材はロスになります。

技術歩留ロスは改善をしない限り変わらないため、普段の管理は製造責任である製造歩留ロスと不良ロスを中心とし、実績を把握し定期的なレポートの管理をしていくと効果的です。

要点BOX

- ●まずは投入と完成の差より歩留ロスを把握する
- ●ロスの多い工程を見える化する
- ●材料の管理は歩留ロスと不良ロスを中心に行う

投入材料の1/3がロスになっている実態

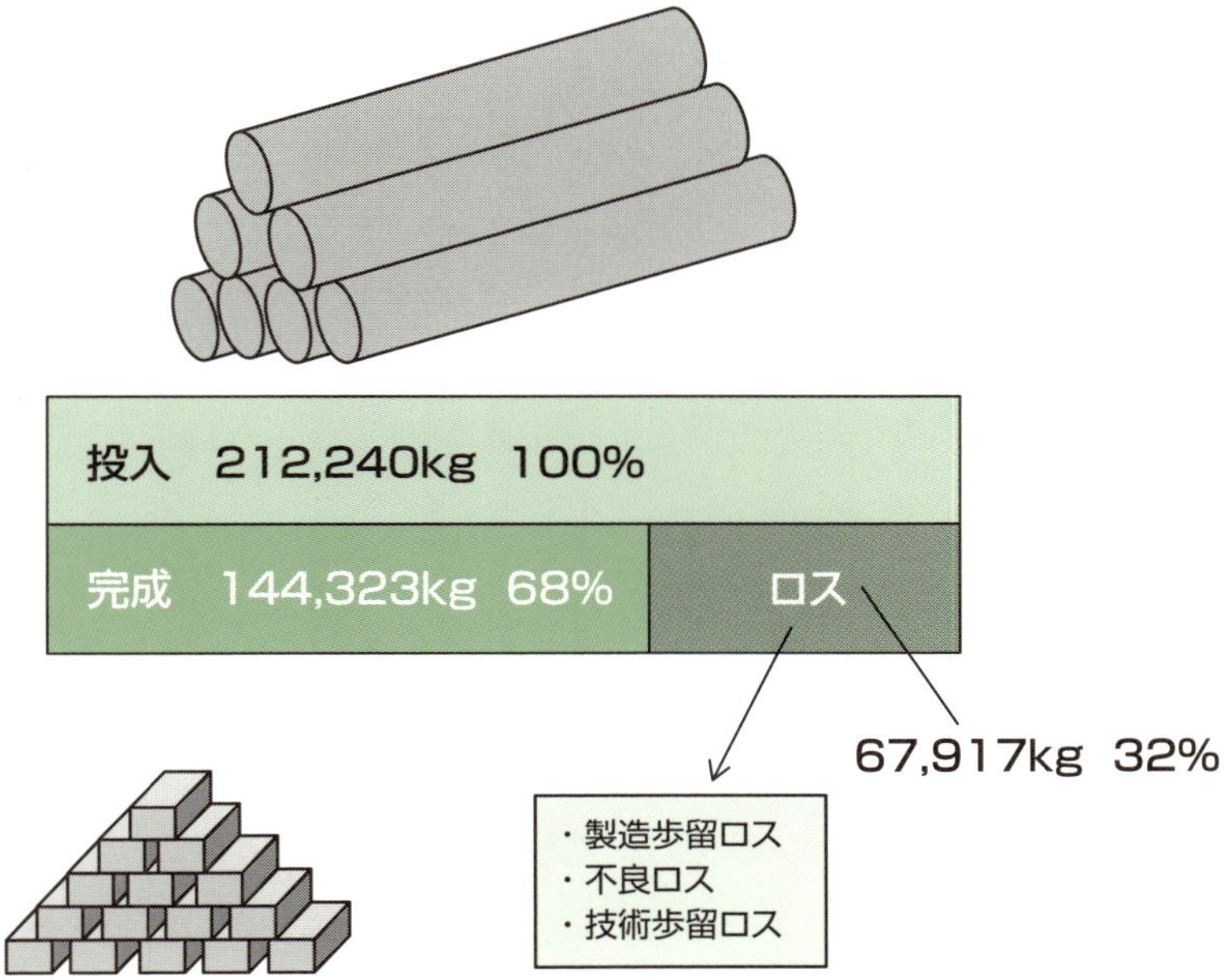

工程別の歩留ロス率

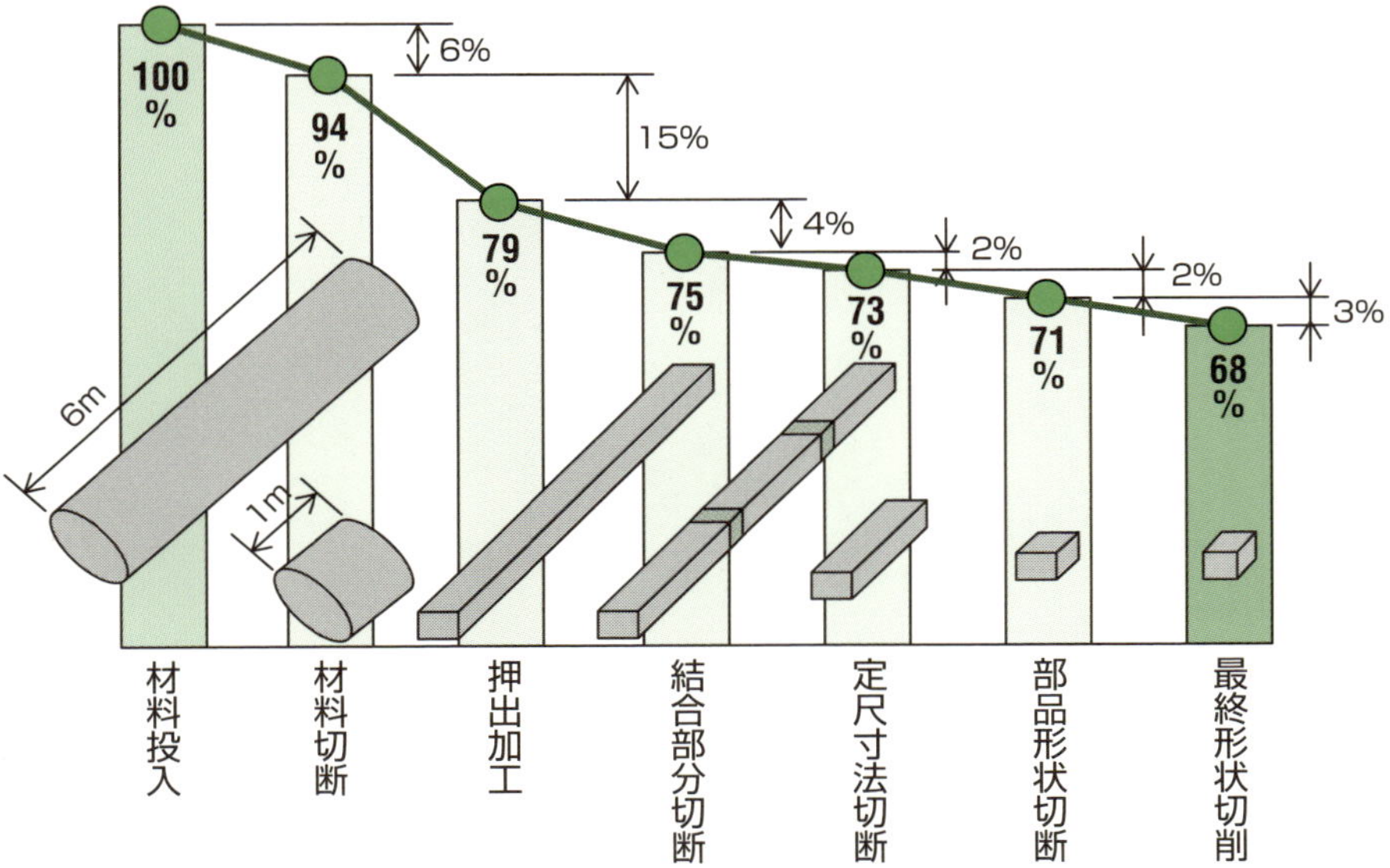

50 技術歩留ロスを改善する

材料取りの工夫で歩留率を上げる

プレス品の打ち抜き加工や印刷業での面付計算を行う場合、ネスティングという方法を用いてブランクレイアウトを行い、製品をとるために必要な材料の形状・寸法・取り数を決めます。ネスティング（入れ子）とは、何らかの構造の中に別の構造がすっぽりと収まっている状態のことで、最適な歩留となる製品の取り方をコンピュータを使ってシミュレーションするものです。

図は面積が335㎟の製品をブランクする金型の設計シミュレーションです。①の設計では、製品を縦方向に順序よく並べ送り・ピッチ間隔を考慮すると、33・1㎜×78・5㎜の投入材料が必要で、歩留率は51%になります。②の製品を斜めにブランクする金型では歩留率が64%、③では60%、④の設計では70%となり、歩留率を1・37（70%÷51%）倍改善できることを示しています。

図は丸棒を切断して、熱間鍛造する工程で発生する、技術歩留ロスの掴み代・後端・バリ抜き代です。表は5点の製品の技術歩留ロス金額が大きい順にリストされています。この中で、真っ先に改善対象に取り上げるのは、ロス金額が最も大きいAの製品であり、月産6万個以上生産し6百万円の材料費をかけています。歩留率は61・9%（(6,000−2,286)÷6,000×100）で、歩留ロスは2百万円強にも上っています。その中でもバリ・抜き代のムダが大きいことがわかります。バリ・抜き代は類似製品を比較し、その比率が一番低いものを目標に金型改善を進めたり、鍛造する前に製品肉厚の薄い部位をあらかじめ予備成形工程を追加したりして、バリ・抜き代のムダを減らしていきます。

このように、たとえ設計仕様で製品形状が決められていても、生産技術力で技術歩留ロスを低減することができます。

要点BOX

- ●ネスティングにより最適歩留率を追求する
- ●技術歩留ロスは金型・工程改善で低減可能である

材料取りのロスネスティング

❶

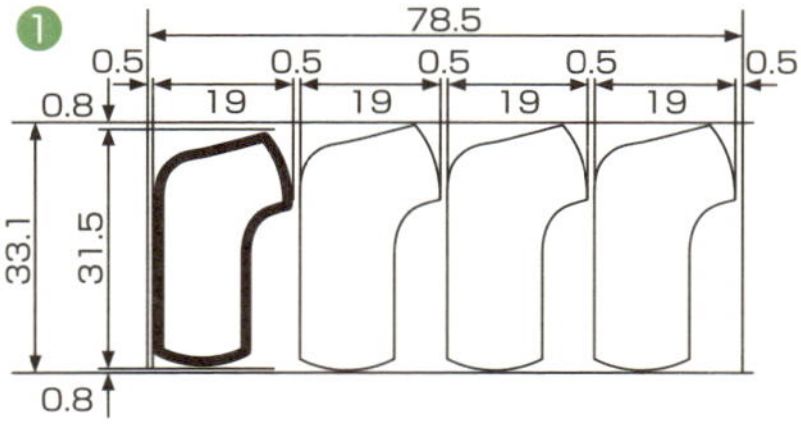

$$\text{歩留率} = \frac{\text{製品面積}}{\text{投入面積}} = \frac{335\text{mm}^2 \times 4}{33.1\text{mm} \times 78.5\text{mm}} \times 100 = 51\%$$

❷

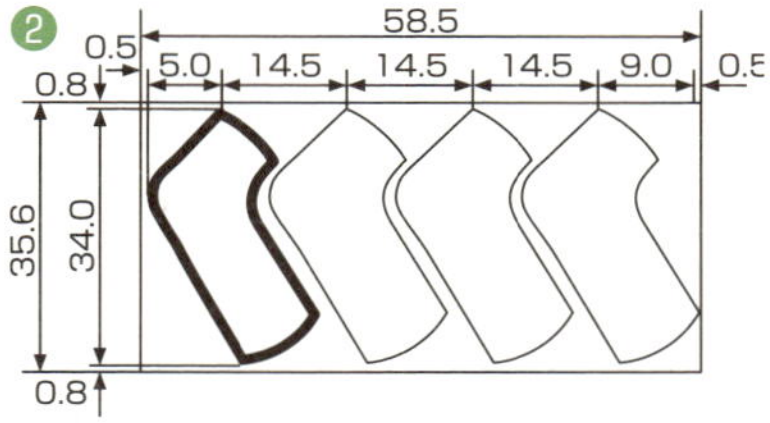

$$\text{歩留率} = \frac{335\text{mm}^2 \times 4}{35.6\text{mm} \times 58.5\text{mm}} \times 100 = 64\%$$

❸

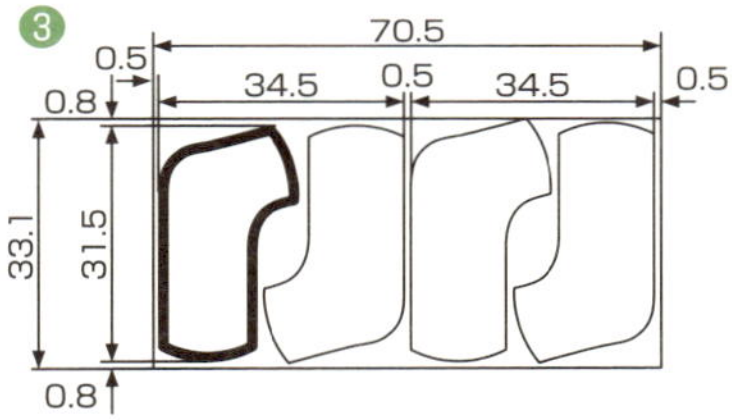

$$\text{歩留率} = \frac{335\text{mm}^2 \times 4}{31.5\text{mm} \times 70.5\text{mm}} \times 100 = 60\%$$

❹

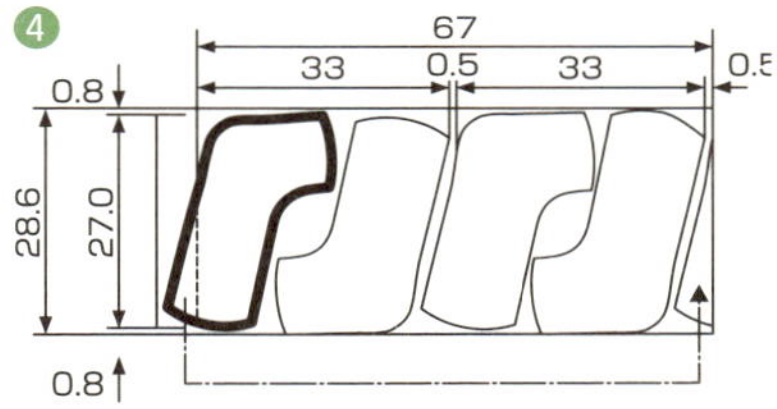

$$\text{歩留率} = \frac{335\text{mm}^2 \times 4}{28.6\text{mm} \times 67\text{mm}} \times 100 = 70\%$$

121

バリ・抜き代のロス

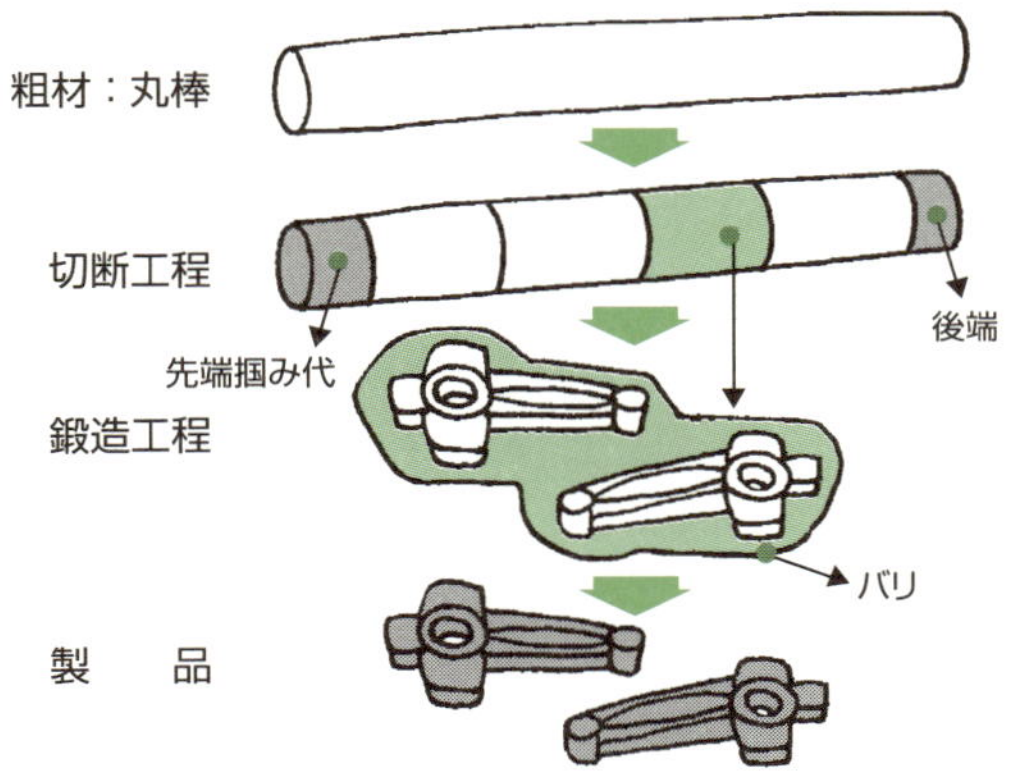

品番	月量産 個／月	歩留率	投入額 千円	歩留 ロス額	千円		
					先端掴み代	バリ・抜き代	後端代
A	63,000	61.9%	6,000	2,286	59	2,086	141
B	50,000	63.6%	5,100	1,856	51	1,585	220
C	43,000	62.9%	2,900	1,076	21	1,055	0
D	18,000	55.1%	2,200	988	22	920	46
E	40,000	59.5%	2,300	932	22	846	64

51 労務費のロスは四つある

賃率ロス、作業ロス、稼働ロス、バランス・干渉ロス

労務費の理想労務費、標準工数とロスの関係について、各部門が管理すべき具体的なロスの内容について整理しておきましょう。

図は労務費のロスの体系を表わしています。縦軸は賃率、横軸は時間を表し、これらの掛け算である全体の面積は実際労務費です。実際労務費は標準賃率と標準時間を掛けた標準労務費を上回り、賃率と時間にロスが出ています。

縦軸の標準賃率をオーバーする部分は、高い賃率の作業者を使ったり（賃率構成ロス）、割増賃金を払ったりする（過勤賃率ロス）ことによるロスです。横軸の時間は、右端までの時間がタイムカードで把握した実際の就業工数で、給与支払い対象の工数になります。

標準工数は、製品1個を作るための標準時間に良品生産量を掛けたもので、標準工数をオーバーする部分は、標準どおり生産できなかったことによる時間のロスです。実際の就業工数から機械故障などの手待ち、会議などで作業ができなかった稼働ロスを引くと作業工数になります。そして作業工数と標準工数の差は、作業者が作業中に発生させている標準作業の無視や作業ペースのロスなどの作業ロスです。稼働ロスは機械故障のように作業をしていないことが目で見てわかりますが、作業ロスは作業中に発生するロスなので、標準時間で測ってみないとなかなか気づきません。

標準時間は設計改善または製造方式の改善を行うことによって低減することができます。どれくらい低減できるかは第5章で説明したように、（ロス＋補助機能×1/2）と予測します。改善を実施した後の成果は、改善前標準時間と改善後標準時間の差になります。つまり、標準時間は現在の作業方法で必要な時間であり、バランスロスや干渉ロス、段取り、運搬、歩行、取り置きなどの補助機能にあたるロスが含まれているのです。

要点BOX

- 実際労務費と標準労務費のロスは賃率と時間の二つある
- 消費効率ロスには作業ロスと稼働ロスがある

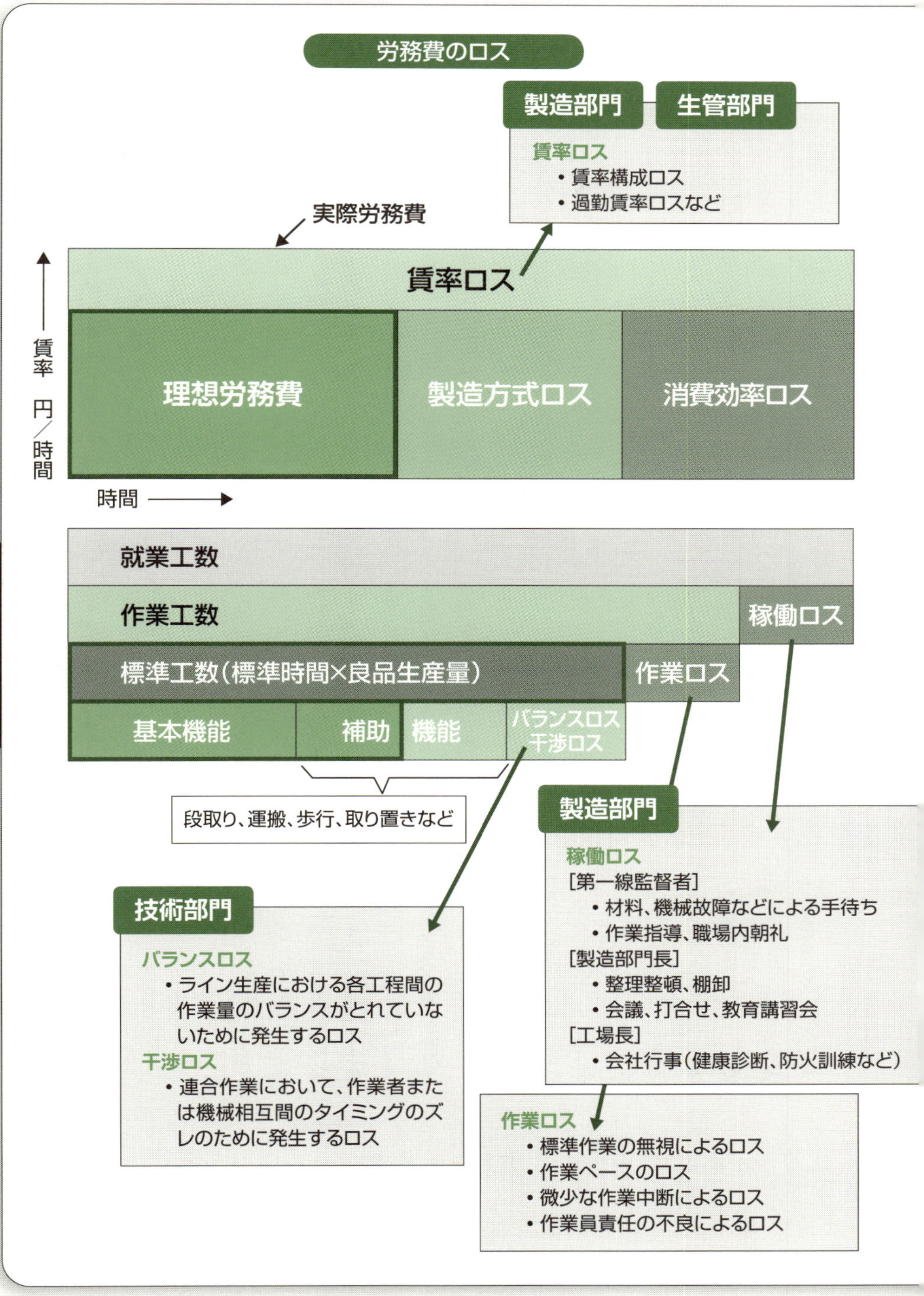

労務費のロス
製造部門
生管部門
賃率ロス
・賃率構成ロス
・過勤賃率ロスなど
実際労務費
賃率ロス
賃率 円／時間
理想労務費
製造方式ロス
消費効率ロス
時間
就業工数
作業工数
稼働ロス
標準工数（標準時間×良品生産量）
作業ロス
基本機能
補助
機能
バランスロス
干渉ロス
段取り、運搬、歩行、取り置きなど
技術部門
バランスロス
・ライン生産における各工程間の作業量のバランスがとれていないために発生するロス
干渉ロス
・連合作業において、作業者または機械相互間のタイミングのズレのために発生するロス
製造部門
稼働ロス
［第一線監督者］
・材料、機械故障などによる手待ち
・作業指導、職場内朝礼
［製造部門長］
・整理整頓、棚卸
・会議、打合せ、教育講習会
［工場長］
・会社行事（健康診断、防火訓練など）
作業ロス
・標準作業の無視によるロス
・作業ペースのロス
・微少な作業中断によるロス
・作業員責任の不良によるロス

52 生産方式によるロスの見える化

連合作業とライン生産のロスを把握する

前ページで最後に説明した製造方式に含まれるロスの改善からNo52 53 54 55 56で説明します。

人―機械または複数の人からなる連合作業において、作業者または機械相互間のタイミングのズレのために発生するロスを干渉ロスと言います。連合作業の関係を表わす連合作業分析表を作成すると干渉ロスを把握することができます。図右側の〝人〟の動きは、赤く塗られた部分（コンベア上よりガラスセット、スイッチON、ガラス取上コンベア上へ）が稼働を示し、白い部分が機械によって規制するために発生する待ち、干渉ロスを意味しています。一般に人―機械の連合作業では機械稼働中の干渉ロスが多く見られます。連合作業において干渉ロスの大きなものは改善のねらい目で、改善策としては干渉ロスを利用して、作業者の複数台持ち作業への方法があります。

ライン生産は少種多量生産向きで、生産性の高い生産方式ですが、バランスロスがあることが最大の欠点です。バランスロスとは、ライン生産における各工程間の作業量（作業時間）のバランスがとれていないために発生するロスです。バランスロスを抑えるためには、各工程の作業量を均一化するライン編成技術が必要となります。

図はピッチダイヤグラムという図表で、5分のサイクルタイムを5工程で作業をしていることを示しています。各工程のサイクルタイムがピッタリ5分になることは偶然でしかなく、どれくらいのバランスがとれたライン編成ができたかを編成効率にして算定します。

図の例では編成効率が80%になっていますが、少なくとも90%以上にもっていくことが望ましいでしょう。各工程の作業量にアンバランスがあることがわかると、バランスロスを取り除くために、作業の分割、入れ替え、個別作業の改善などの改善を行って各工程の作業時間が等しくなるように調整を行うことが必要です。

要点BOX

- 人ー機械、複数人の連合作業は干渉ロスが発生する
- ライン生産はバランスロスが発生する

連合作業分析表による干渉ロス

時間 単位：0.01分	サイクルタイム		0.03分	
	設備		人	
5			10	コンベア上よりガラスセット
10			2	スイッチON
15 20	12	穴あけ	干渉ロス率 12/30=40%	
25 30			6	ガラス取上 コンベア上へ

ライン生産によるバランスロス

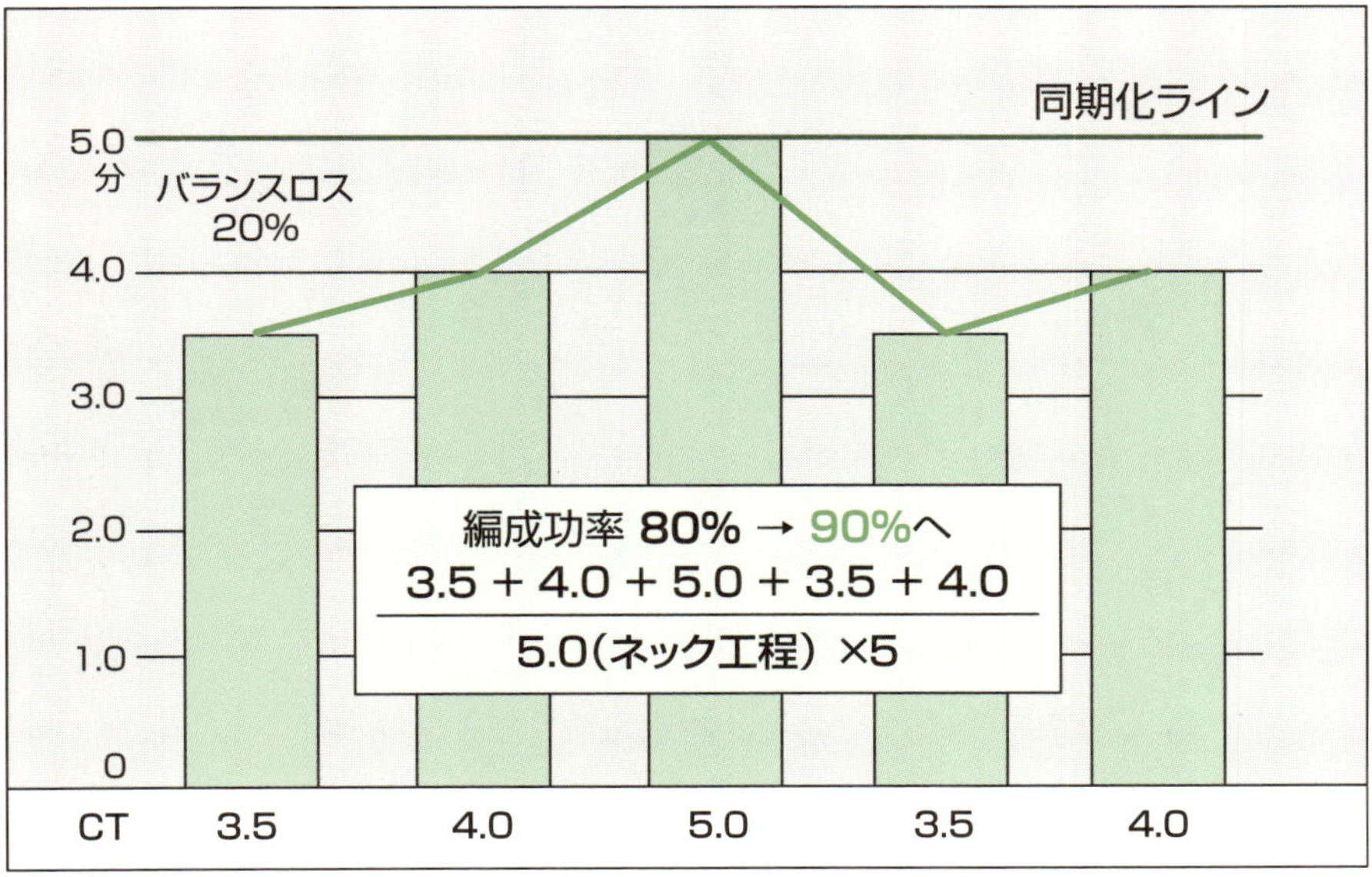

53 人と設備のつなぎ方の工夫

人と設備の特長を活かし生産性向上を考える

図は、１人の作業者と２台の機械の作業を連合作業分析表にしたものです。作業者が機械２の段取作業（図の白色の部分）を行った後、機械１の段取作業の手順で連続的に行っています。標準時間で作業を構成すると２台の機械とも手待ち時間が発生しますが、実際に作業をすると作業者は機械が待たないように手早く作業をこなすようになります。

人も設備も手待ちがない組み合わせが最適ですが、両者が干渉し合う場合（作業者か機械に手待ちが発生する）は、人の作業量を10％～20％増やし、人をネック（人に手待ち時間を与えない）にさせたほうがよいでしょう。人は体調やまわりの環境に左右され設備よりばらつきが大きく、人をネックにした作業編成は人の努力が引き出されて設備に勝ち、実際には設備ネックの状態が実現できるようになります。

作業者の作業時間は作業ペースによりばらつきがでます。そこで、人と設備をつなぐときは人のばらつきを緩衝するための工夫をすると、生産性の向上につながります。ばらつきの緩衝対策には次のようなものがあります。

Aは、人手の作業を10秒以下のような短サイクルで、複数人員を同期化してつなぐと、各人の時間値のばらつきの影響をまともに受けます。人が短サイクルで作業したときの時間値のばらつきは、長サイクルで作業したときの時間値のばらつきより大きくなります。したがって、サイクルタイムを長くする工夫が必要です。

Bは、人手による作業の場合、短いサイクルタイムを複数人員で同期化すると、時間値のばらつきの影響をまともに受けることになります。そこで1個々の同期ではなく、各人の時間値のばらつきに対し、必要仕掛スペースを確保（バッファ）することにより緩衝させようとするものです。このようなときは同期より緩やかな同期の同調生産、1個々より複数個のロットで同期するほうがよいでしょう。

要点BOX

- ●人と設備の連合作業は人をネックにする
- ●短サイクルはサイクルタイムを長くしてつなぐ
- ●短サイクルの同期化は複数個のロットで同期化

人ネックの原則

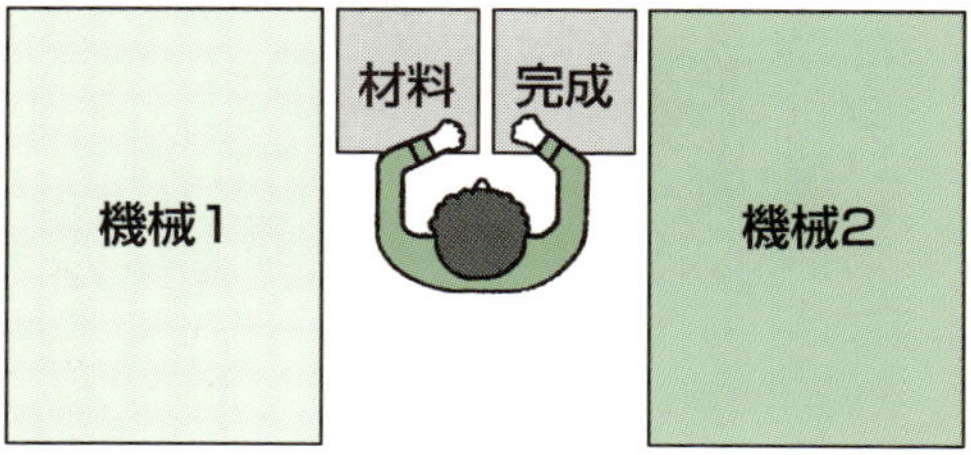

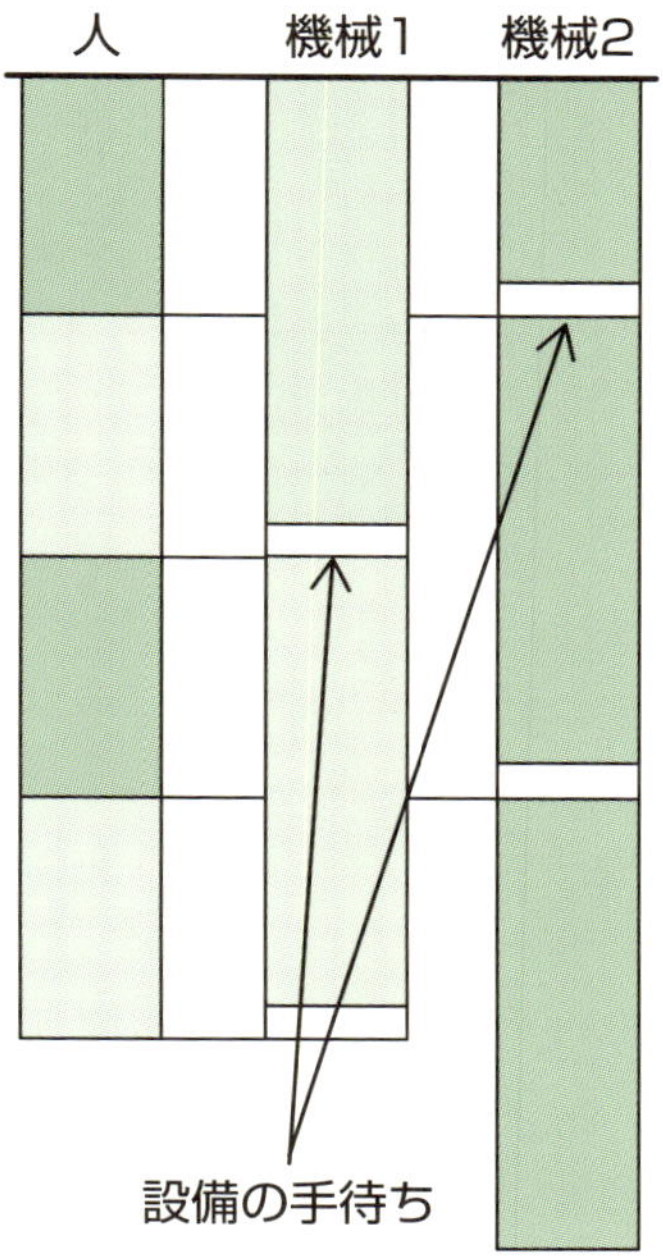

・人はばらつき大
・機械はばらつき小
・人の時間がばらついても人に待ちが生じないように、人時間を機械時間より10～20%長くする

ばらつき緩衝対策

A. サイクルタイムを長くする

・質的分業から量的分業へ
・1ラインを2ラインに分ける
・リリーフマンをつける

B. 必要仕掛スペースを確保する

・同期生産
・同調生産
・ロット生産

54 工程のつなぎ方の工夫

1工程完結・量的分業優先の原則で取り置きをなくす

製品は、加工・組立・検査など多くの工程を通って完成されます。当然のように工程を分けていますが、なぜ工程を分けるのでしょうか。

第一の理由は、加工の複雑性です。1工程で加工を終えようとすると、よほどの多機能を装備した機械、多くのスキルを持った作業者でなくては対応できません。たとえ1工程で生産できても高いコストの機械か人になってしまい、分業したほうが安いからです。

第二の理由は、1工程で終わらせようとすると時間がかかってしまい数をこなすことができません。そこで、生産量が多くなると工程を分けて対応します。

組立作業を工程に分けた場合、隣の作業者へ製品を渡すために取ったり・置いたりする〝取り置き〟や、工程が少し離れた場所にあれば〝運搬〟や〝歩行〟が発生します。そこで作業を一つの治具でできるようにすると、「治具セット・外し」が1回で済み、取り置きのロスが減ります。人または機械が、加工する部品を持ったら加工が終わるまで放さないやり方で、取り置きのムダが減ります。これを「1工程完結の原則」と言います。

分業のやり方には質的分業と量的分業があります。図のようにABCの3人の作業者が、穴あけ・溝きり・面取りのように異なった作業を複数の人で分業するやり方を質的分業と言います。一方、穴あけ・溝きり・面取りの一連の作業を1人の作業者が行い、同じ作業を複数の人で分業するやり方を量的分業と言います。

コンベアを用いたライン作業の多くは、質的分業により生産性向上に貢献してきました。しかし、5～10秒のような短サイクルな作業に質的分業を適用すると、サイクルタイムに占める取り置きのロスが多くなります。そこで、同一治工具、設備で行う作業はまとめて行った方が取り置きのロスが少なくなります。これを「量的分業優先の原則」と言います。

要点BOX

- ●1工程完結の原則で、取り置き・運搬・歩行ロスをなくす
- ●分業のやり方には質的分業と量的分業がある

加工工程

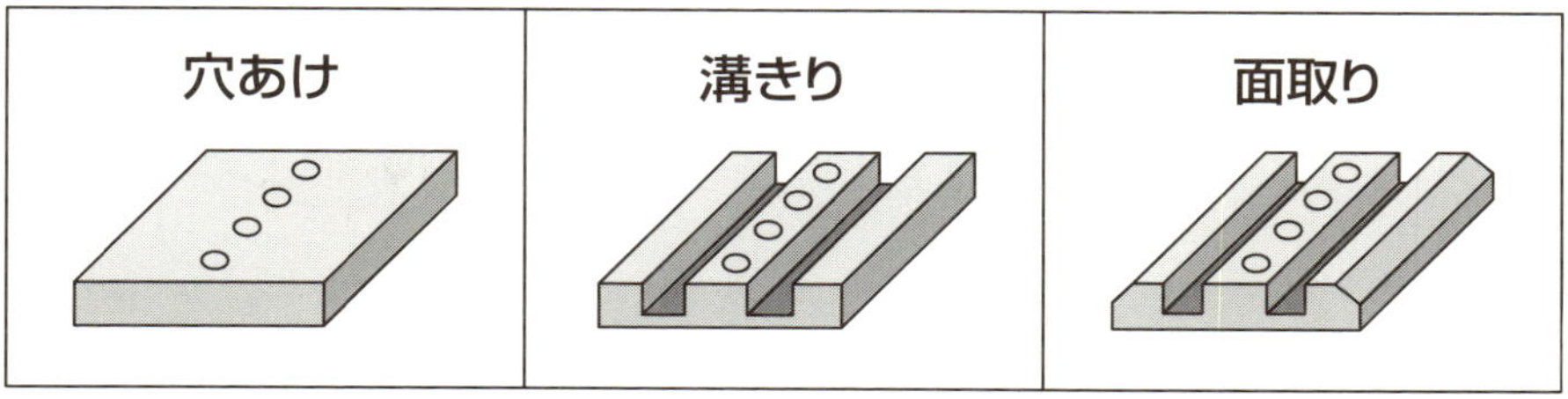

質的分業と量的分業

	A作業者	B作業者	C作業者
A作業者 1個目	穴あけ	溝きり	面取り
B作業者 2個目	穴あけ	溝きり	面取り
C作業者 3個目	穴あけ	溝きり	面取り

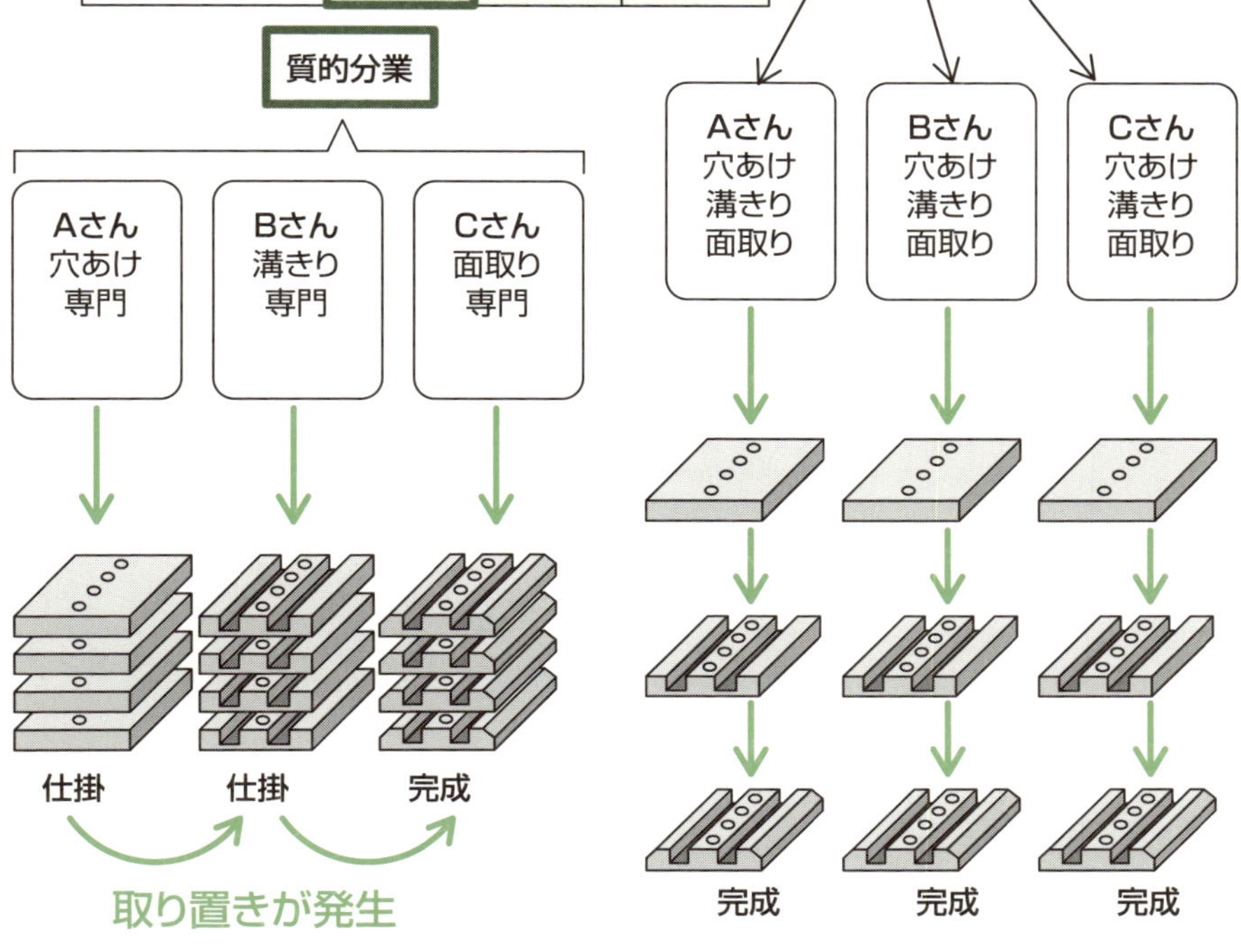

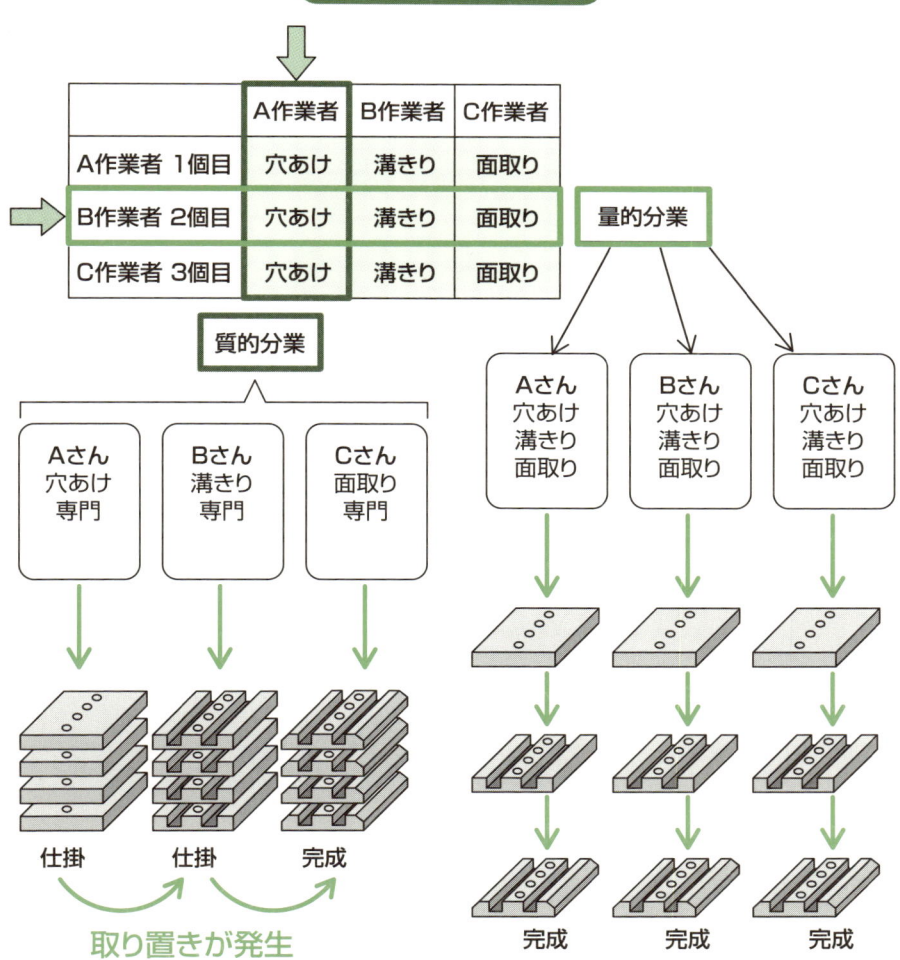

55 設備と設備のつなぎ方の工夫

補助機能をなくし間髪を入れない動きを追求する

ほとんどの自動化ラインでは、設備で加工された半製品は次工程にコンベアやシュートなどで搬送されています。これはまるでドミノ倒しのように加工される都度1個ずつ搬送されてきます。ところが、搬送中のチョコ停のほとんどは曲線部にさしかかったところで発生し、直線部にはありません。そこで、機械搬送のラインは直線で搬送することを原則とするとよいでしょう。

また、搬送中に方向変更すると、向きを変えるための補助機能のロスが発生します。方向変更、反転、回転のロスを避け、できる限り直線ラインとすることが望ましいです。どうしても、反転、回転が必要な場合は、1箇所で行うことです。そして、ライン長が長いために、直線がとれずにラインを曲げるといった悪循環にならないようにしたいものです。

図は部品の加工方法で点加工（点で加工の意味）、線加工、面加工の運搬回数とサイクルタイムを比較したものです。点加工の場合は部品を1個ずつ加工するので、18回の運搬回数と三つずつ梱包単位の運搬の計24回の運搬が発生しています。このため1個1秒のサイクルタイムで生産しなければ予定生産量に合わなくなります。線加工は6個ずつ加工するので、運搬回数は3回、サイクルタイムは6秒となります。面加工の場合は、18個ずつ加工するので、運搬回数は1回、サイクルタイムは18秒ですみます。

製品や部品の取り置き・搬送・整列・回転などの補助機能をなくすか最小にするには、点から線、線から面加工を適用して機械化を検討することが必要です。また、人は生身でばらつきが大きいですが、機械は不死身でばらつきも小さいという特性を生かし、機械同士は間髪を入れない動きを追求したいものです。たとえば、設備が未だ終了していなくてもロボットアームは加工物の側まで伸びてもよいということです。

要点BOX

- ●搬送中のチョコ停はほとんどが曲線部で発生する
- ●機械搬送は方向変更、反転、回転のロスは避ける
- ●機械化は点→線→面加工で検討する

曲線ラインと直線ラインの特長

曲線ライン		コスト高 スペース要	トラブル多
直線ライン		コスト安 スペース不要	トラブル少

加工方法における運搬回数とサイクルタイム

点加工（1個）

運搬回数1　　：18回
運搬回数2　　：　6回
サイクルタイム：　1秒

線加工（6個）

運搬回数　　　：　3回
サイクルタイム：　6秒

面加工（18個）

運搬回数　　　：　1回
サイクルタイム：18秒

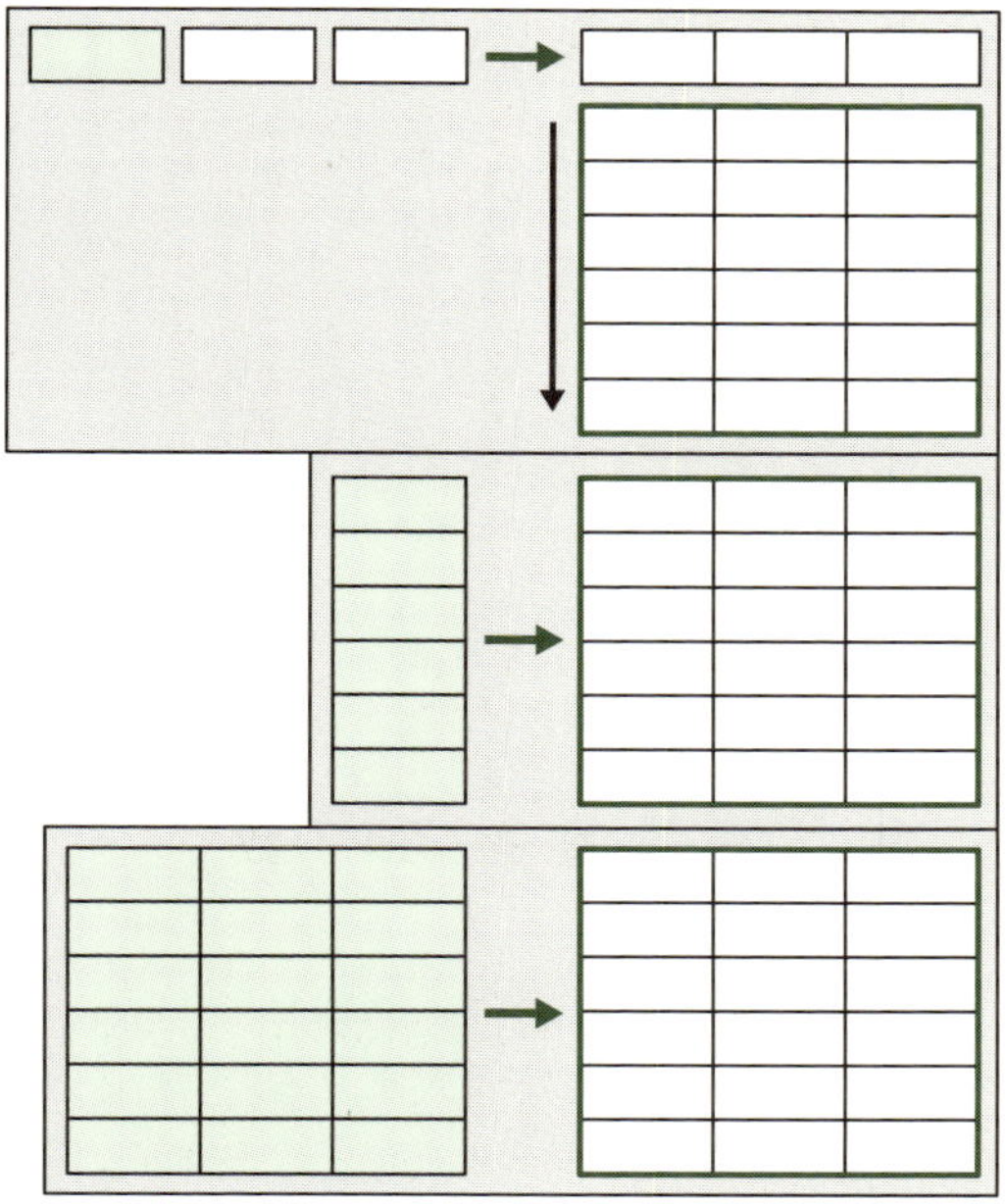

56 加工物に合った最適設備の選択

余裕をもった設備導入はしない

設備導入にあたり、設備の基本仕様を頭に入れることは重要です。図表に工作機械のNC旋盤とマシニングセンタの基本仕様の例があります。NC旋盤では最大加工径や最大加工長さが、マシニングセンタではXYZ軸の3軸の最大移動範囲、主軸回転速度、ATC（オートツールチェンジャー）の工具収納本数などが大切な項目になります。

設備の外見は同じように見えても人と同じように癖があります。たとえば、朝一番の運転時、設備によって精度が安定するまでのウォーミングアップ時間が違うことがあります。また、長い部品を加工するときに、設備の場所によって精度的に偏りの傾向などがあるケースがあります。つまり、設備も人間と同じように観察をして、特長を把握しておくことが必要です。

要求能力＝必要能力のバランスを考えるとき、製品の要求能力に合った設備を使いたいものです。図はプレスの打抜きのせん断荷重を検討した例です。検討の結果、ABCのいずれのプレス機でも加工は可能ですが、Aの50tプレスが利用率100％で、最もロスのない設備になります。Cの100tプレスでは利用率50％で、設備費も高いものになり大きなロスになります。

現場で、加工可能な設備が複数台あり、どの設備が最も有利かを判定する基準は、動かしたときに最もコストが安くなる設備で、通常は最も短い時間でできる設備です。日々の生産では、設備能力を余らせて使っているケースがほとんどで、ここに設備を運転している人の時間のロスばかりではなく、設備の運転時間のロスは時間当たり生産量の低下になり、設備の運転に使われる電気などエネルギーのロスにもつながります。こうしたロスが発生する原因は、過大能力の設備を導入するからです。

要点BOX
- ●設備の基本仕様と特長を理解する
- ●設備の能力を最大限活用する

NC旋盤と立形マシニングセンタの基本仕様例

NC旋盤			立形マシニングセンタ		
能力・容量	最大加工径	400mm	移動量	X軸移動量(テーブル左右)	650mm
	標準加工径	250mm		Y軸移動量(サドル前後)	420mm
	最大加工長さ	520mm		Z軸移動量(主軸頭上下)	400mm
移動量	X軸移動量	250mm	テーブル	テーブル作業面の大きさ	700×460mm
	Z軸移動量	620mm		テーブルの最大積載質量	400kg
主軸	主軸最高回転速度	6,000min^{-1}	主軸	主軸最高回転速度	12,000min^{-1}
刃物台	工具取付け本数	12本	ATC装置	ツールシャンク形式	BT40
				工具収納本数	20本

・製品の加工条件＝設備の最大能力
　→ 設備を最低のコストで稼働
・製品の加工条件≠設備の最大能力
　→ 時間のロス

プレスの打抜きせん断荷重

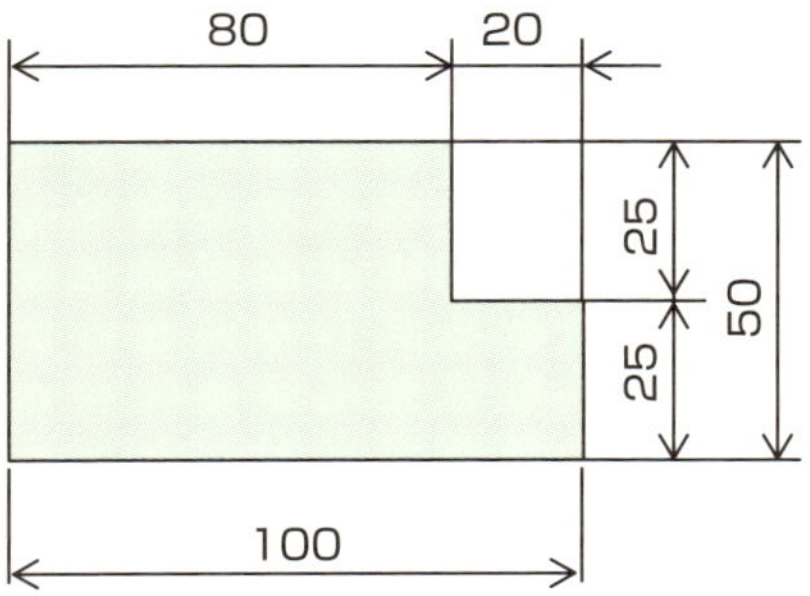

せん断荷重 P(ton)＝ t × l × τ × 0.001
t：材料の板厚(3.2mm)
l：せん断輪郭の長さ(300mm)
τ：材料のせん断抵抗
(52kg/mm^{2}ステンレス鋼板)
せん断荷重 P ＝ 3.2 × 300 × 52 × 0.001
≒ 50(ton)

設　備	能　力	利用度
A	50t	100%
B	75t	67%
C	100t	50%

Column

改善はやめることから始める

改善案を考えるにあたり、改善着想には「改善の4原則」が効果を発揮します。4原則とは、次の排除、結合、入れ替え、単純化を行うことです。

改善の着想を得るには、分析した動作、要素作業や単位作業ごとに、〝何のために〟を問いかけることから始め、改善の4原則を、排除（E:Eliminate）、結合（C:Combine）、入れ替え（R:Rearrange）、単純化（S:Simplify）の順で適用していきます。。改善の4原則の頭文字をとったECRS（イーシーアールエス）は、念仏のようにして覚えたらよいでしょう。

この中で、最も大切なのは「排除」の原則です。「排除」は、目的追求であり、目的と手段の関係を徹底的に追求するとよい改善が生まれます。動作、要素作業、単位作業ごとに、〝なんのためにやるのか〟を問いかけ、「止められないか」を追求していくと、本当にやらなければならない作業だけが残ります。

第2の原則は「結合」の原則です。同じ場所で、同じ時に、同じ人ができないかと問いかけることによって、ムダな動作や作業がなくなります。これは、先の排除の裏返しであることが多いのです。しかし、動作や作業をなくそうと発想して改善できれば「排除」の改善、結合して動作や作業がなくなれば「結合」の改善でよいのです。

第3の原則は「入れ替え」の原則です。これは「結合」の反対で、他の場所で、他の時に、他の人ができないかと問いかけることによって、ムダな動作や作業がなくなります。

そして、最後は「簡素化」の原則です。「もっと簡単にできないか」と問いかけることによって、単純な作業や方法が見つかります。改善の4原則をフル活用して大きな成果に結び付けてください。

- 排　　除……不必要な動作や作業をなくす
- 結　　合……動作または作業を組み合わせる
- 入れ替え……動作または作業の順序を変更する
- 単 純 化……動作または作業を簡単にできるようにする

第7章

日々の原価管理でコストを下げる【管理編】

57 製造歩留ロスを見つける

実際消費量の測定で歩留ロスを発見する

図はアルミ鋳造品を生産している会社の製品１個当たりの実際重量と図面上の仕様から割り出した標準重量とを比較して製品の歩留率を計算したものです。鋳造品であるため、型の精度、湯の管理により歩留率は変化します。Ａ製品のように実際重量のほうが標準重量より重ければ歩留率は１００％以下で過量となり、その差額に当たる分だけ余分な材料費をかけていることになります。逆にＥ製品のケースでは歩留率は１００％以上で軽量となっています。いずれの製品も良品として出荷されているものです。

13製品の中での平均歩留率は96・３％、つまり良品の中にも３・７％のコストを余分にかけたものがあります。反対に歩留率が１００％を越える製品が何点かあり、最高でＢ製品の１０９・２％です。これでも良品なので、最初から標準重量を９・２％少なく設計することにより、材料費の９・２％を低減することができます。

図はプラスチックの多数個取りの成形型から生産される部品重量のばらつきを測定したものです。左側の図は、８個の金型から生産される部品重量の測定結果を、レーダーチャートに示しています。それによると１・２・８番の金型から生産される部品重量は常に軽く、３番の金型は常に重いということがわかります。最低重量は４・７０８ｇ、最高重量は４・８４０ｇで２・８％のばらつきがあります。いずれも良品であり、最低重量に合わせて、金型部門において金型の設計を変更することによって、技術的な改善により材料費のコストダウンが可能です。一方、右側の図では、11個の金型から生産される部品重量にも同様のばらつきがありますが、特定の型というより、測定するごとのばらつきのほうが大きいことがわかります。これは、原料の押出圧などに起因する運用上のばらつきであり、製造技術力の向上によるコストダウンが可能です。

要点BOX

- ●歩留率は標準重量÷実際重量×１００で求める
- ●歩留率１００％を境に技術的な改善と製造技術力の対応がある

アルミ製品の歩留分布

差異：実際重量 − 標準重量

歩留率：標準重量 ÷ 実際重量 × 100

製品	実際 kg	標準 kg	差異 kg	歩留率 %
A	28.56	27.00	1.56	94.5
I	8.38	8.50	−0.12	101.4
E	9.96	10.50	−0.54	105.4
K	9.27	8.50	0.77	91.7
G	33.25	27.00	6.25	81.2
H	8.03	8.00	0.03	99.6
M	7.49	7.80	−0.31	104.1
F	12.51	11.30	1.21	90.3
C	9.78	9.20	0.58	94.1
L	5.14	5.00	0.14	97.3
B	6.96	7.60	−0.64	109.2
N	7.81	7.00	0.81	89.6
D	9.97	10.20	0.23	102.3
計				96.3

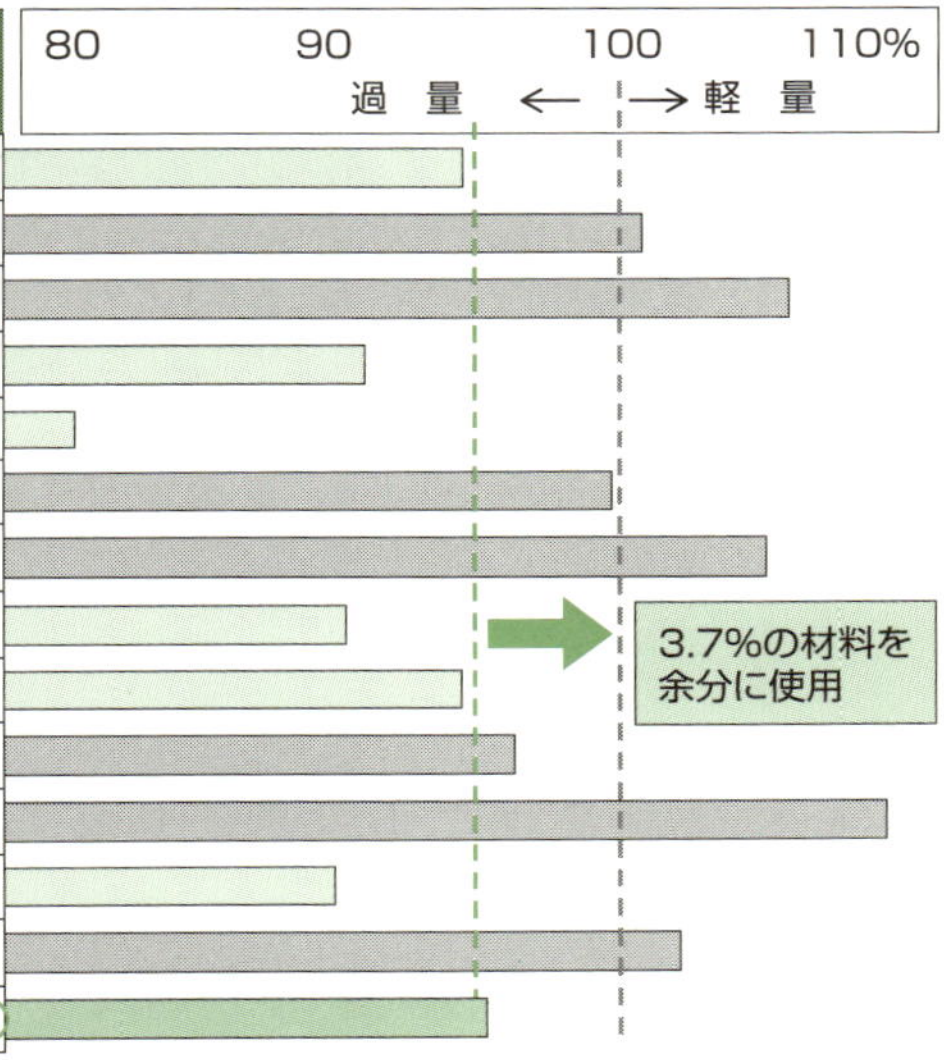

成形部品の重量のばらつき

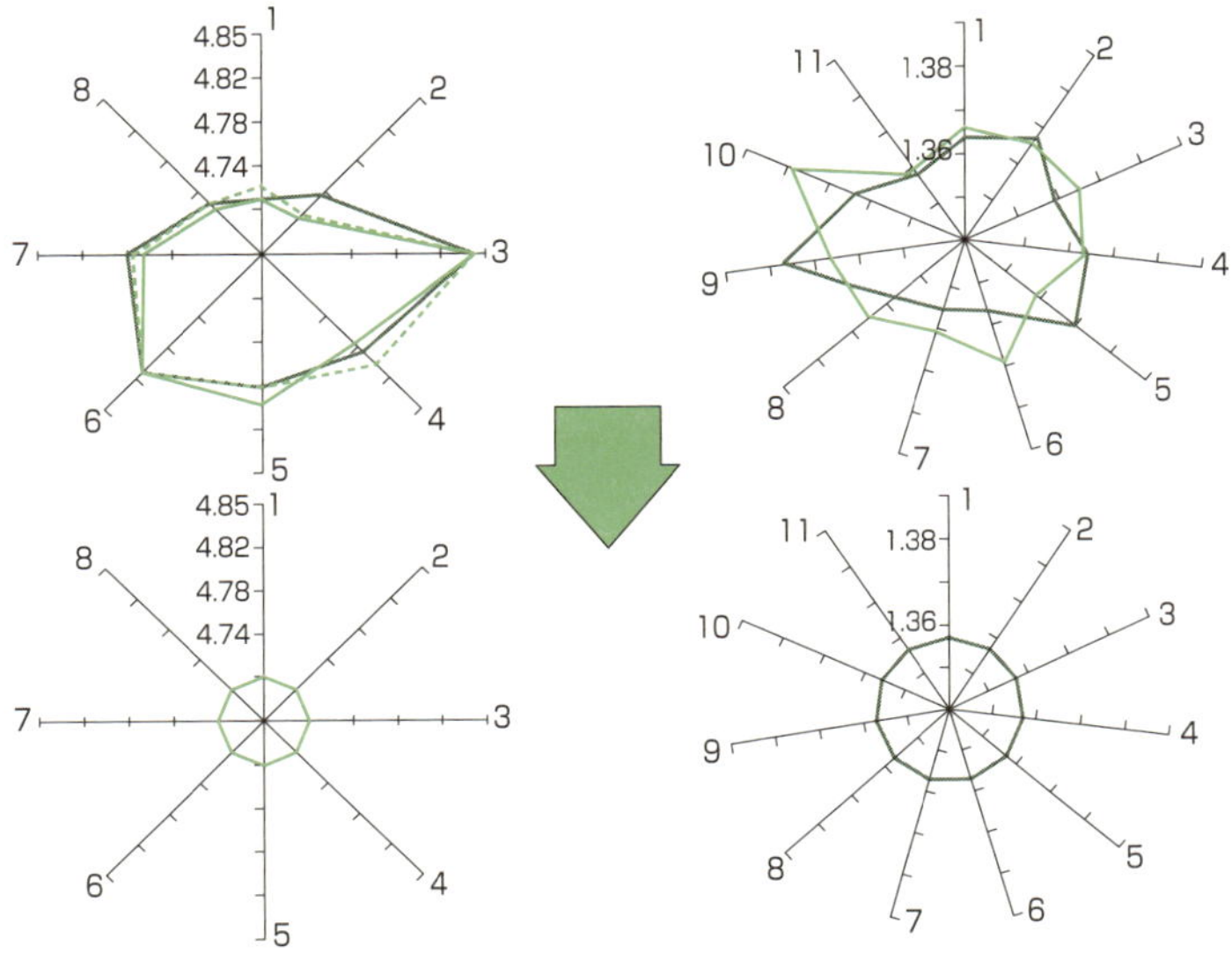

金型設計の問題

設備使用上の問題

58 製造歩留ロスを低減する

ばらつき是正と公差の限界をねらう

グラフは化粧水の充填工程において、容器に充填された化粧水の重量のばらつきを表しています。現状は充填装置の充填時のばらつき、計量器の信頼性など不安材料があるため管理は−3%を下回らぬように、すべての製品がプラスになるように充填を行っていました。現状は平均が+2%になっています。調査した製品は代表品種であり、他の品種も同じような管理状態と仮定すると、平均が0%との材料の差異は年間で約1000万円ありました。まさしく「良品の中にロスがある」の典型的な例です。

この結果を踏まえ、製造部では歩留管理を強化することになり、平均を0%にもっていくことを目標としました。その要因をつぶすために、充填装置と検査用の計量器のばらつき原因の追求を行い、平均が0%への管理を行いました。改善と管理の両方の活動が活発になるにつれ、重量の平均がほぼ0%になってきました。

建材メーカーで、アルミ製品を製造しています。現状の傾向は、板厚の図面公差±0・28に対し、+0・28に近いレベルで成形が行われ、すべての製品がプラス領域にばらつきも少なく安定していました。

そこで、安定しているという条件のもと、ねらい値を公差±0ではなくマイナス方向に目標値を設定しトライしました。製造技術力のある会社では、あるべき姿は、公差±0ではなく高い品質とコストレベルにあるのです。

結果、−0・28の公差を外れる製品もなくマイナス領域で安定し、アルミという高価な材料であったため、公差の限界への挑戦により大きな材料費の節約になりました。製品には、重量で売るものと個数や本数で売るものがあります。本製品のように、個数で販売される製品については、公差の限界をねらったアクションは有効になります。

要点BOX

- 良品の中にロスがある
- 充填ロスのばらつき是正に挑戦する
- 個数販売の製品の公差の限界をねらう

充填ロスの管理

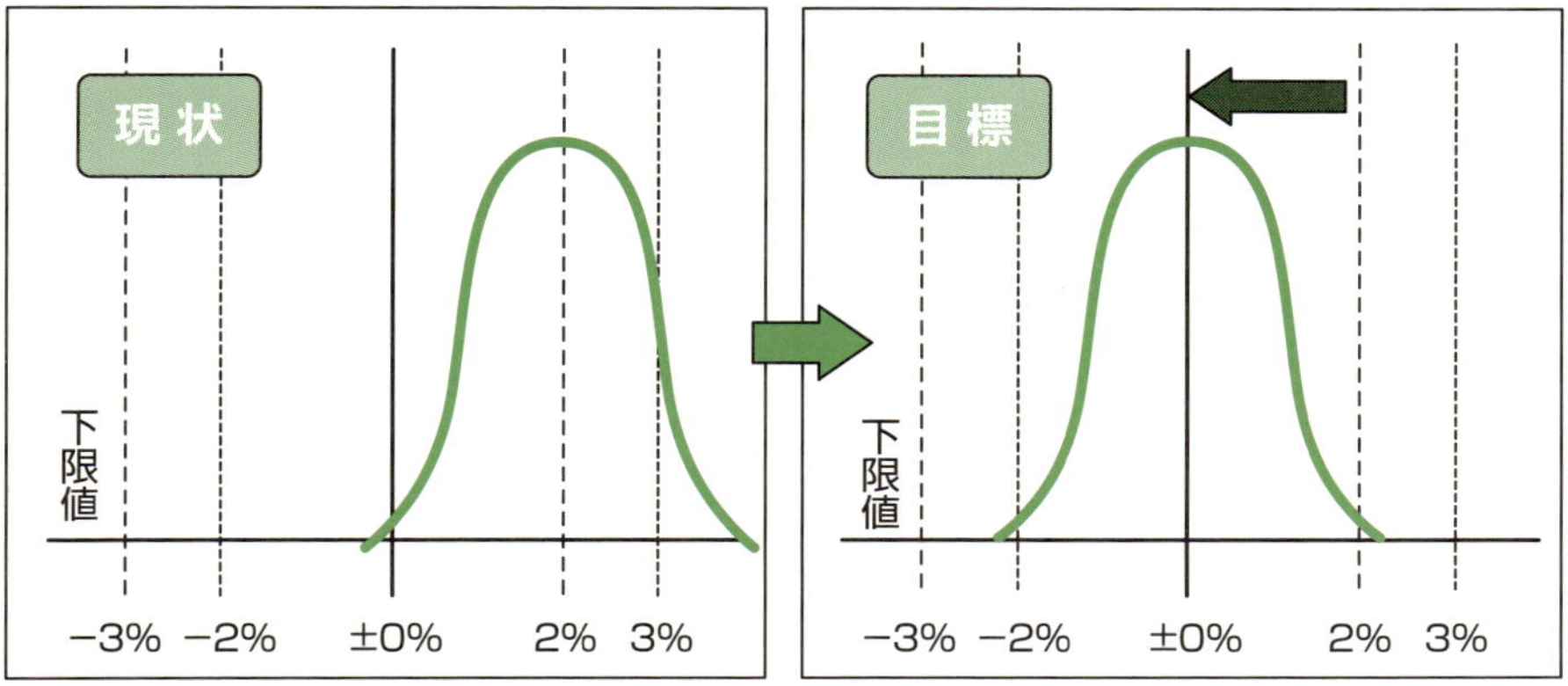

ばらつき是正と公差の限界をねらう

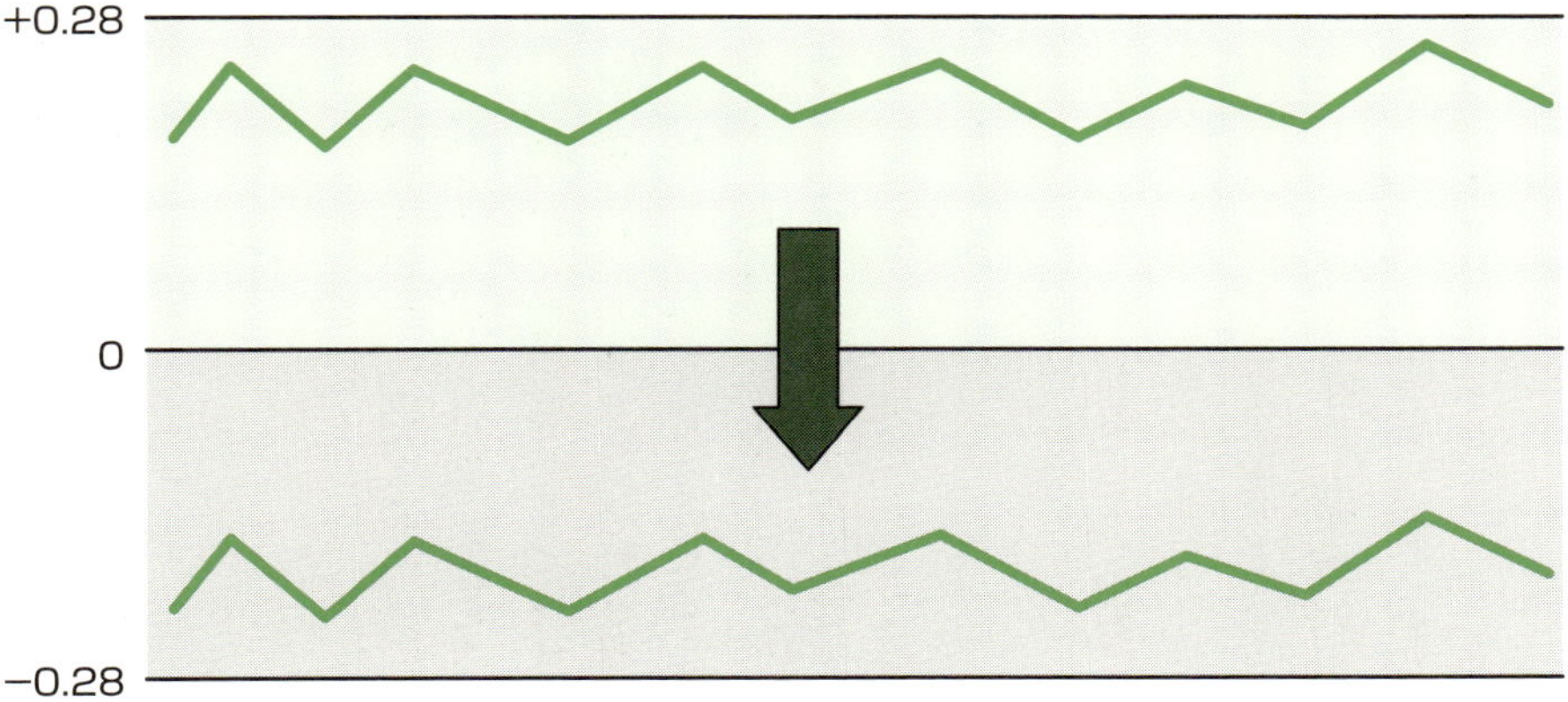

59 不良の管理

レポートで不良を見えるようにする

図は自動車部品メーカーにおける品質管理月報です。全社で約20ある係のうち、F工場の11課3係、T工場22課1と3係の三つの係の不良金額合計で43%(17%+11%+15%)に達し、この三つの係に占める割合は大きくなっています。また不良率は0・3~0・4%で、三つの係は不良金額も多いのですが不良率も平均値より高くなっています。

次に、これら三つの係の不良原因をQC7つ道具のパレート図、層別、チェックシート、特性要因図などを使って問題を絞り込んでいきます。最初はパレート図を使って不良ロス低減の対象を絞り込み、1回目に描くパレート図は部門別に不良金額で描きます。それは誰が不良のロスをつぶすアクションをとる責任者かを特定し、不良金額のロスの大きい部門から対策を優先したいからです。

第1のパレート図の最大部門を展開して第2の現象別パレート図、さらに、最大の現象を展開して第3の部位別パレート図のように描いていきます。このとき第1のパレート図で、縦軸を不良金額、横軸を責任部門にとることがポイントです。第2、第3のパレート図に展開する際の分類を層別と言います。パレート図の大きいものを層別して、第2、第3のパレート図を描いて、問題を絞り込みます。機械別、部位別、原料別、というように分けてデータをとってみると、ばらつきが多かったり、クセや特徴を持っていたりすることがわかります。解析の腕前は層別にあります。

問題が絞り込まれるように上手にねらって層別をしますが、手元にあるデータだけでは不足なので、チェックシートなどの手法を使ってデータを集めます。最後に絞られたデータに対して特性要因図(魚の骨)を描き、不良の要因分析を行い、原因①②……の順に優先順序を決めて不良が0になるまで対策を打っていきます。

要点BOX

- ●品質管理月報で品質管理のターゲットを絞り込む
- ●QC7つ道具を選択して不良要因を効率的に絞り込む

不良率の高い係は不良金額も多い

部署	不良 金額千円	不良 比率	廃却 千円	修正 千円	返却 千円	不良率 %	生産数 千個	不良数 千個
総合計	13,802	100%	13,484	291	27	0.204	49,096	135
製造部全体	13,707	99%	13,389	291	27	0.204	49,096	135
F工場	6,810	49%	6,669	140	1	0.194	10,172	28
11課	3,704	27%	3,669	34	0	0.248	4,369	14
1係	808	6%	808	0	0	0.449	536	2
2係	497	4%	496	0	0	0.060	1,634	1
3係	2,399	17%	2,365	35	0	0.399	2,200	11
12課	1,703	12%	1,601	102	1	0.111	3,825	9
13課	1,403	10%	1,310	4	0	0.233	1,984	5
T工場	5,612	41%	5,436	149	26	0.214	33,698	98
21課	1,369	10%	1,223	146	0	0.110	14,839	40
22課	4,239	31%	4,213	0	26	0.415	13,053	55
1係	1,528	11%	1,522	0	5	0.401	2,079	8
2係	711	5%	699	0	11	0.208	4,605	10
3係	2,001	15%	1,991	0	10	0.414	8,761	36
23課	3	0%	0	3	0	0.014	10,922	3
R工場	1,285	9%	1,283	2	0	0.098	8,498	8
31課	1,285	9%	1,283	2	0	0.098	8,498	8
間接部門	94	1%	94	0	0	0	0	0

不良を絞り込んで要因を見つける

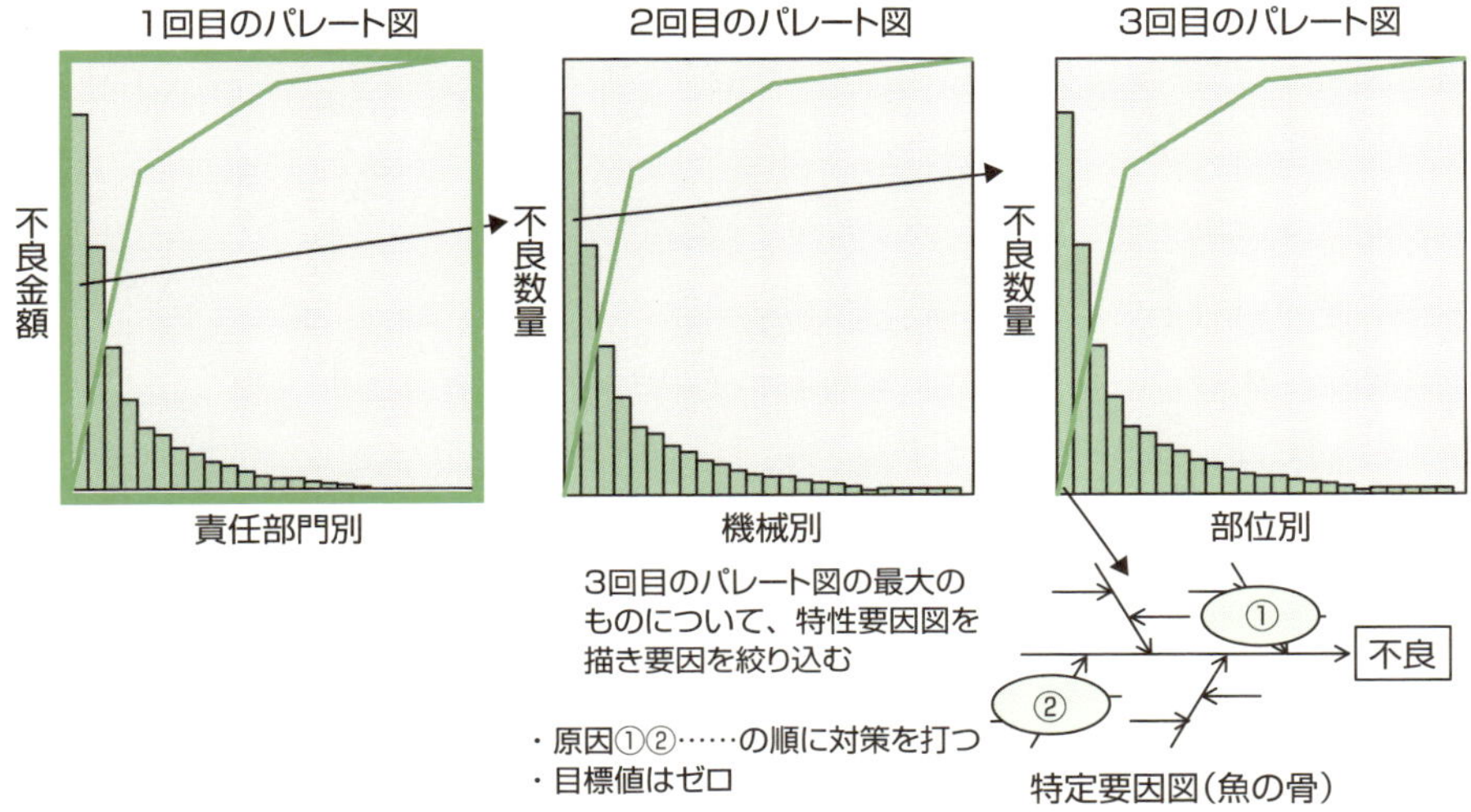

60 設備の能力を目一杯使う

設備の使い方で生産性は4倍上がる

人の作業時間中にはロスが多いとわかっていても、設備の稼働時間中にはロスが発生していることに気がつく人はなかなかいません。上図は、2㎡のガラスが一度に洗浄できる装置で、作業は2人の作業者が片側からガラスを投入し、反対側で2人の作業者が洗浄後の完成品をとっています。Aは小さいガラスを並べているために4㎡の洗浄能力中2㎡しか使っていません。BCは設備能力をフルに使っているので、AとBCを比較すると2倍の生産性の違いがあります。

また、BCの洗浄スピードを比較すると、CはBに比べて2倍速くなっています。標準の機械スピードはCですが、洗浄、乾燥、殺菌、仕上、検査などの作業は時間をかければ品質が向上すると考えがちで、人によって機械スピードが一定になっていません。適正品質が確保できる機械スピードを標準として設定しなければなりません。結果として、設備能力の有効利用と機械スピードのロスでAとCでは4倍（0・2㎡÷0・05㎡）の生産性の違いが出ていました。もちろんコストも4倍の違いがあるのです。

下図は15台のリーマ加工設備の条件の異なる加工時間を実測して比較したものです。リーマ加工のスピードは、材質、穴径、穴の深さなどによって決まります。実測値は実際のスピード、最適値はJIS規格のスピードで、最適値を100にして実測値を比較して折れ線グラフにすると、JIS規格のスピードで動かしている設備は1台もありませんでした。短いものでは、JISの規格値より約4倍のスピードで加工しているものもあります。

工作機械のスピードは、機械の能力はもちろんのこと、対象製品の材質、切削厚、切削径、切削長、専用治具、切削工具、切削油などによって決まります。したがって、原価は計算だけでなく、こうした現場の活動と結びついて生かされていくことを望みます。

要点BOX

- ●最適な設備能力と機械スピードを管理する
- ●設備別・工程別に機械スピードをチェックする

設備能力・機械スピードのロス

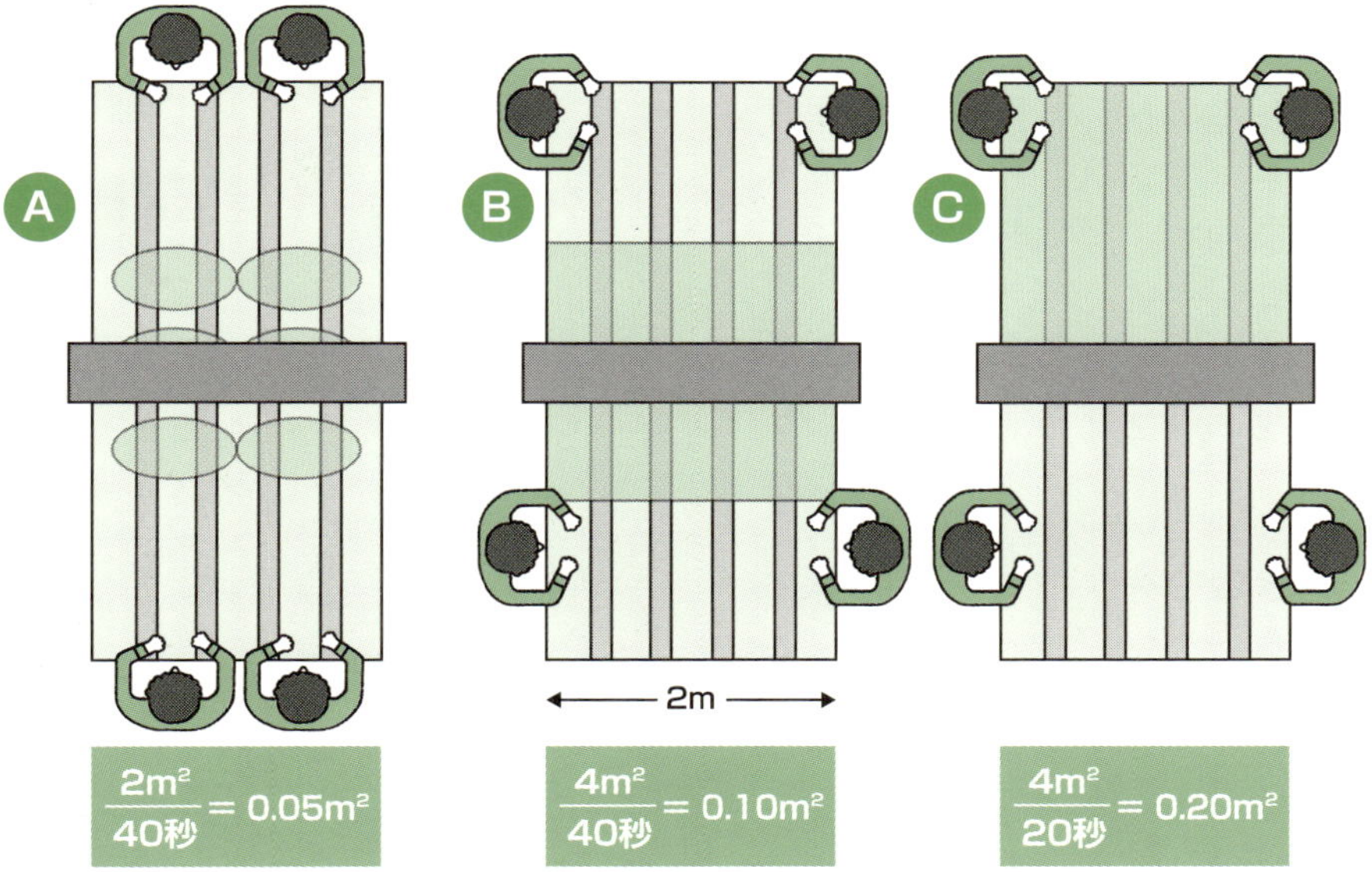

標準機械スピードを守らない

A-501ラインのリーマ加工条件

機械スピードの最適値

$$F = \frac{1000V}{\pi D} \times f$$

設備No.		5104	5673	5901	5005	5386	5277	5438	5600	5112	5779	5224	5990	5371	5224	5555
送り速度 Fmm/min	実測値	109	129	117	150	169	88	130	100	104	176	150	68	60	98	83
	最適値	44	44	44	44	44	42	42	42	51	46	48	40	42	40	36
実測値 /最適値%		248	293	266	341	384	210	210	238	204	380	313	170	143	245	231
条件	穴深さ Lmm	17.5	17.5	17.5	17.5	17.5	17.2	23.0	17.5	15.0	18.1	15.8	23.1	18.6	17.2	21.0
	穴径 φDmm	25.4	25.4	25.4	25.4	25.4	25.4	28.0	25.4	21.8	24.5	23.0	28.0	26.5	28.1	27.0
	周速 Vm/min	10														
	送り fmm/rev	0.35														

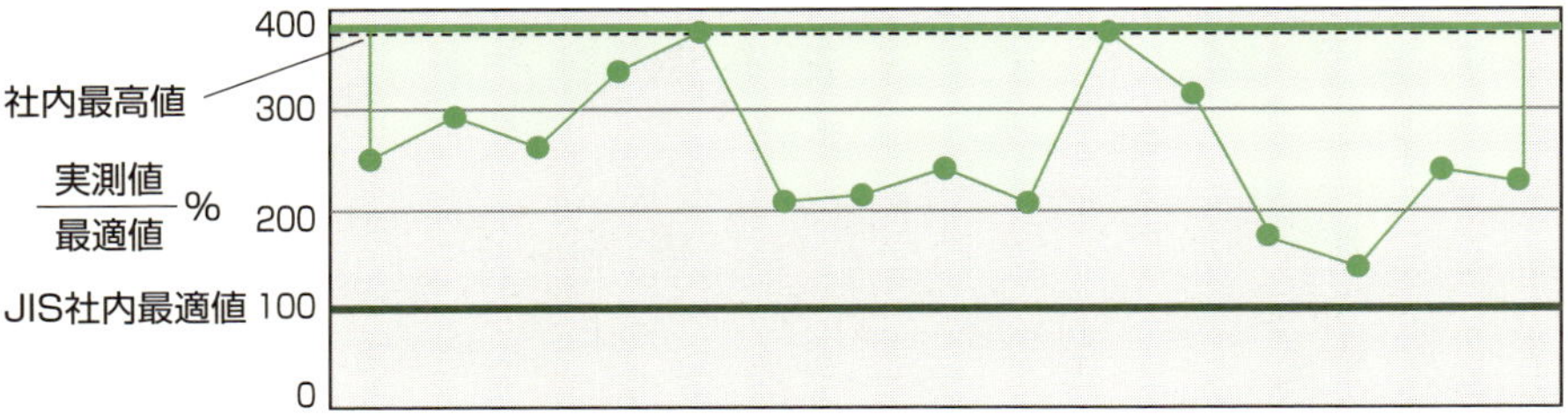

61 標準作業方法を守る

常に最適な標準作業方法を追求する

現場作業には1人の作業者が、他の作業者または設備と無関係に単独で作業ができることは少なく、何らかの形で人と設備、人と人、あるいは設備と設備の連合作業を行っています。連合作業には、人と設備の最適な組み合わせによる標準配置人員があります。標準配置人員を決めなければならないケースには図表のような四つがあります。

標準配置人員が決められていても、日々の仕事量や出勤率が振れるため、それが守れないことがあります。出勤率のよい日はラインに標準配員人員より多めの人員を付けてしまいます。上図は人員6名、サイクルタイム9分（ネック工程は第3工程）、編成効率85%で編成されたラインの同期生産の例です。この日は出勤率がよかったので、ネック工程（9分）の第3工程に1名余分に配置し7名で生産を行いました。その結果、第3工程はサイクルタイムが4・5分（9分÷2名）になり、第2ネック工程だった第1、5、6工程がネック工程になり、ラインのサイクルタイムは8分になりました。つまり、アウトプットの生産量は11%（8分÷9分=0・89）増え、インプットの工数も17%（7人÷6人=1・17）増えるので、差引6%の時間ロスが増えコストアップになってしまいました。客先へはコストアップのために製品の値上げ要求などはできないため、工場がそのコストを負担しなければなりません。ライン作業であれば、ラインに最適な人と設備のレイアウトを即座に変更をして対応していくことが大切です。

反対に、出勤率の悪い日には現場の管理者がラインに入って、配置人員の不足を補うケースがあります。現場の管理者は欠勤要員なのでしょうか。こうした事態をなくすためには、現場には出勤率の変動を吸収する仕事を準備しておき、常に標準配員人員が配置できる体制を整備することが大切です。

要点BOX
- 標準配置人員を決めなければならないケースには四つある
- 標準配置人員を崩すとコストアップにつながる

標準配置人員が決まるケース

① 1台の設備に2人以上の人がつく
② 1人で複数台の設備を持つ……多台持ち
③ 2人以上のライン作業……同期生産（図の例）
④ 2人以上の人による連合作業……連合作業

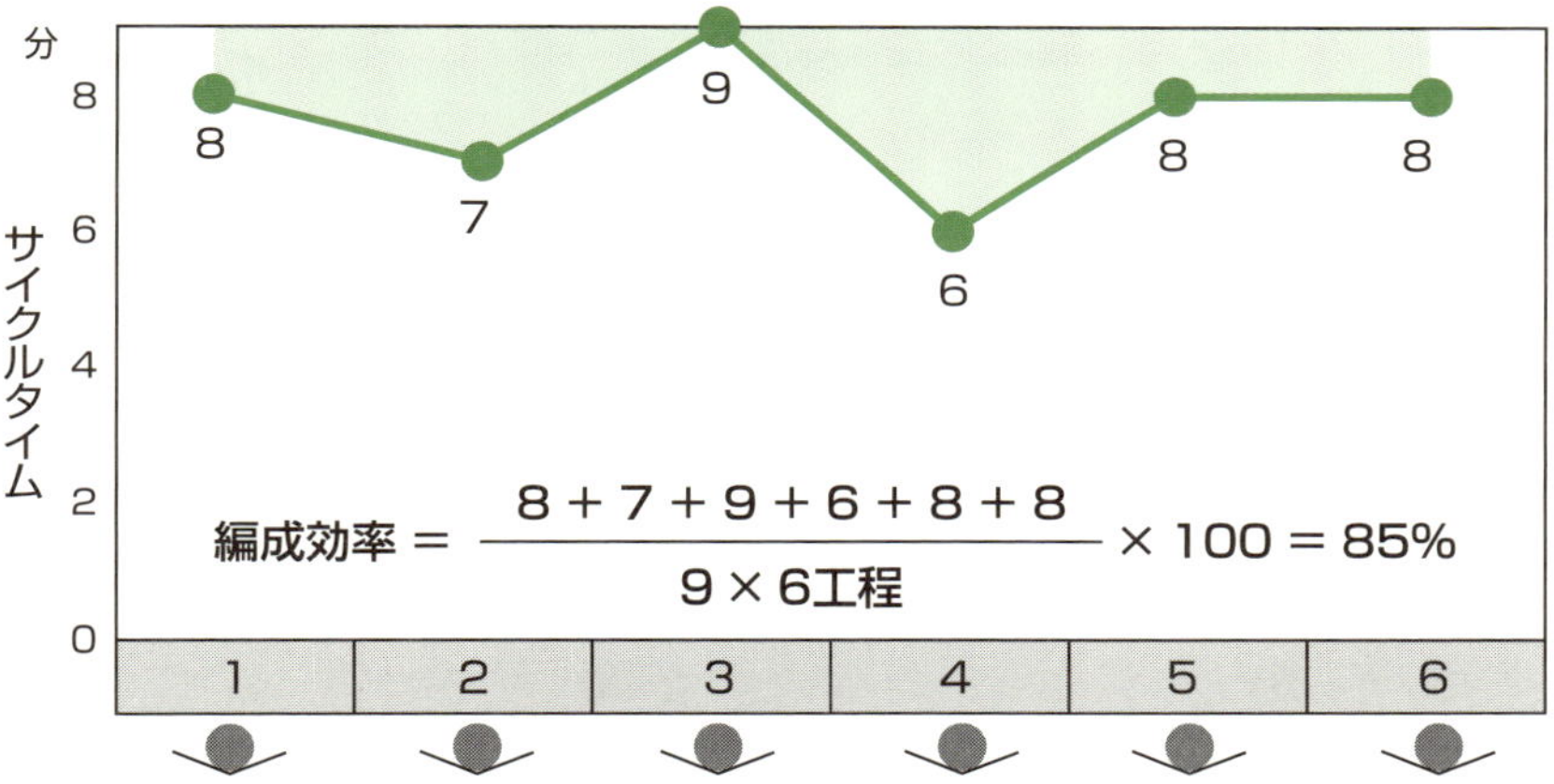

生産量は 11%アップ

投入工数は 17%アップ

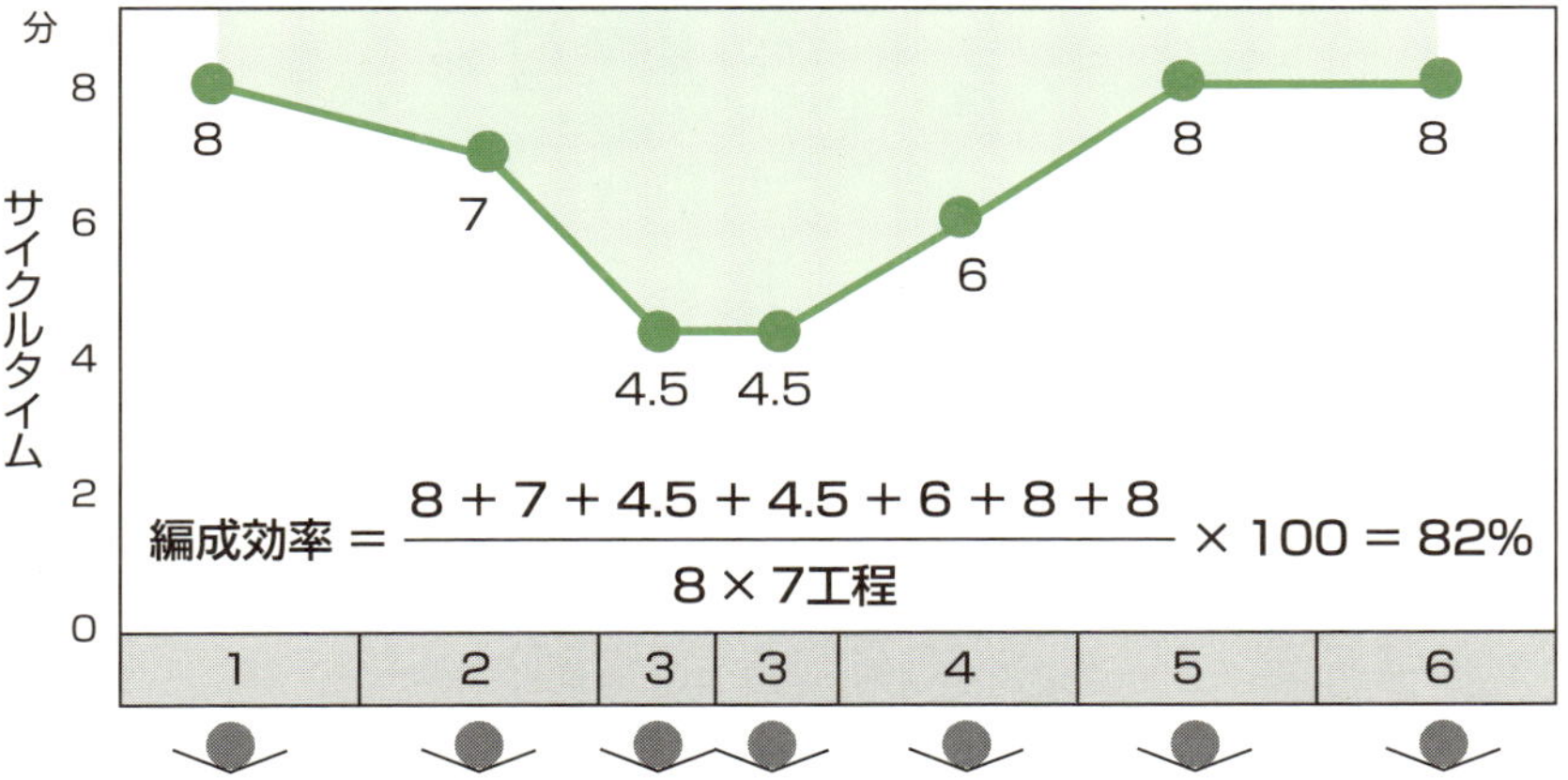

62 人により作業ペースは違う

個人の作業時間もばらつき、人の違いでもばらつく

作業ペースのロスとは、実際の作業ペースが標準の作業ペースより遅い場合に発生するロスです。作業者は標準作業方法どおりの作業をしていても、手足の細かな一つひとつの動作までは強制されているわけではないため、どのような作業ペースで働くかは、自分自身で決めています。全く同じ作業でも、人によって作業ペースは違うし、同じ人でもその日のコンディションなども影響し、日によって、時間帯によって作業ペースが違ってきます。標準以下の速さの作業は時間ロスになります。標準の作業ペースとはどの程度の速さかを、表に定義しておきましょう。

工場を歩行する速度でたとえると、「１００ｍを１分で歩行する速さ」になります。時速に換算すると、早めのウォーキングに相当するため、決して甘いペースではないことがわかります。

次の表は、同じ組立作業における10名の作業者の組立時間の比較表です。この結果より、組立時間の一番早い勝野さんは平均１７４・２秒、一番遅い和田さんは２６３・２秒で、２人の時間差は約１・５倍あります。また、個人別のばらつきについては、清水さんの最大値が２８８秒、最小値が２０１秒で１・４３のばらつきがあります。一番作業の早い勝野さんは１・２０のばらつきに留まっています。早い人は、ばらつきが少ないことがわかります。

一般に、10秒以下の短サイクルで行う作業では２～４倍、１分以下のサイクルだと１・５倍～２倍、10分以下のサイクルでも１・２倍～１・５倍のばらつきがでると言われています。

このように、作業ペースの幅は私たちが考える以上に大きいのです。これだけのばらつきは最小時間で作業ができたとすれば、大変な生産性向上・コストダウンにつながります。ついつい私たちは作業中のロスがないように考えがちですが、順調に作業をしていると考えている中に大きなコストダウン余地があります。

要点BOX

- ●標準の作業ペースは平均的な作業者がまじめな努力をして達成できる作業の速さ
- ●人の作業ペースにはばらつきがある

標準の作業ペース

平均的な作業者がまじめな努力をして達成できる作業の速さである。作業者はこの速さで一日中作業を続けることができ、過度の疲労や翌日に疲労を持ち越すことがないものである。

組立作業における作業者の組立時間比較表

氏名		1回目	2回目	3回目	4回目	5回目	最大値①	最大値②	個人のばらつき①/②	平均	人のばらつき平均/174.2
1	江浦	296	234	233	234	267	296	233	1.27	252.8	1.45
2	森下	249	226	227	221	202	249	202	1.23	225.0	1.29
3	安田	233	240	187	184	197	240	184	1.30	208.2	1.20
4	松尾	259	249	223	214	215	259	214	1.21	232.0	1.33
5	勝野	189	180	167	177	158	189	158	1.20	174.2	1.00
6	田中	235	203	214	205	179	235	179	1.31	207.2	1.19
7	和田	263	291	281	246	235	291	235	1.24	263.2	1.51
8	藤田	288	254	237	226	228	288	226	1.27	246.6	1.42
9	立花	229	216	215	188	196	229	188	1.22	208.8	1.20
10	清水	288	239	211	210	201	288	201	1.43	229.8	1.32

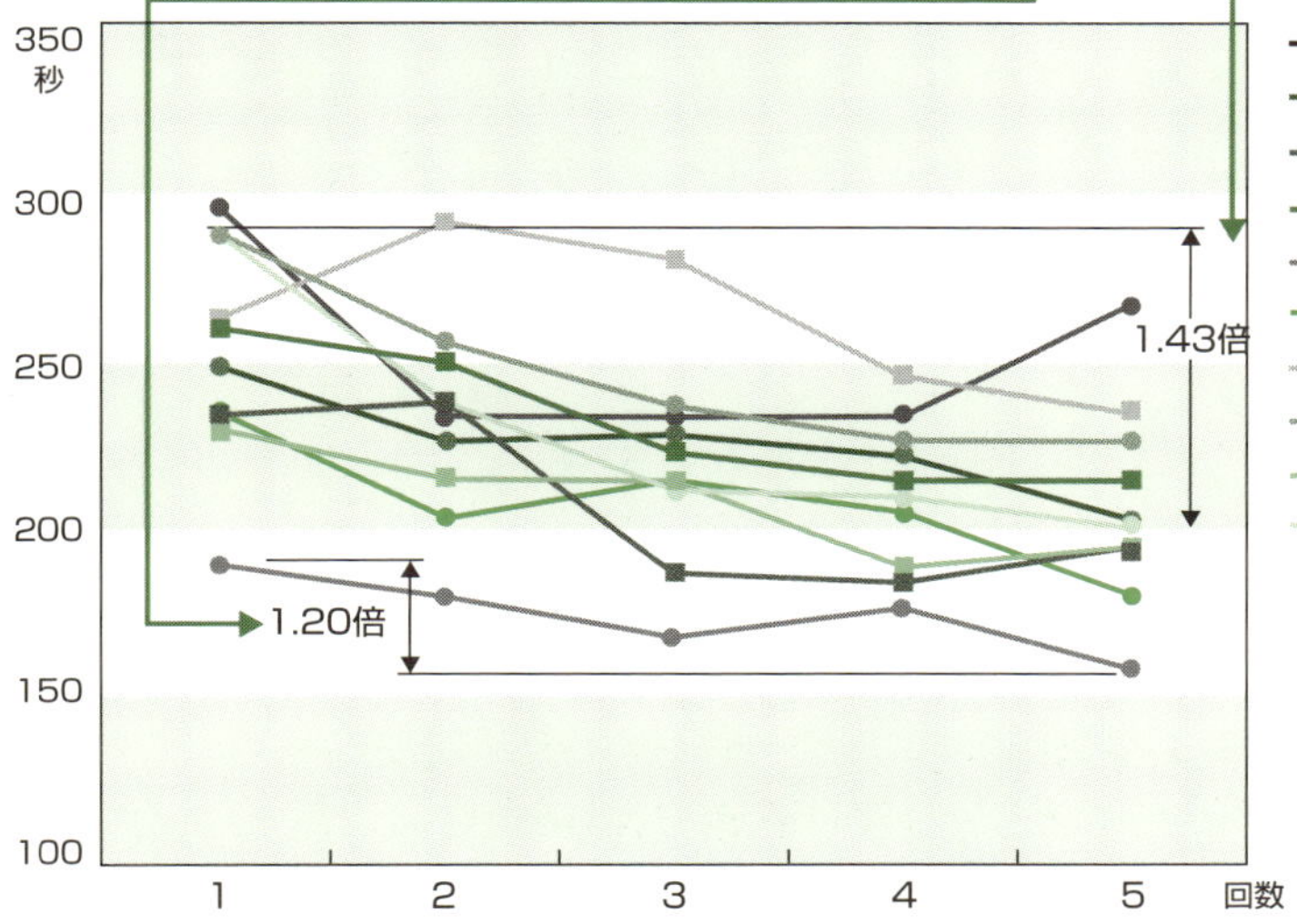

63 作業ペースの構成要素とは何か

三つの要素を支える共通要素は本人の意欲である

作業ペースの第一の構成要素は作業の有効性です。作業の速さと動作とは切っても切れない関係にあります。100mを1分で歩くのが標準作業ペースですが、速く歩こうとすると大股になり、ゆっくり歩こうとすると小股になります。しかし、我々の目は手や足が移動している状態を見て作業の速さを感ずるので、大股で歩いたり、手の移動距離が少ない投げ出し動作でトランプを配ると実際よりゆっくり感じるのです。作業の有効性を指導するには、一挙手一投足の有効な動作を教えるより、速いスピードで作業をするよう指導すると、自然に有効な動作を覚えるものです。

作業ペースの第二の構成要素は技量（熟練）です。『慣れないから、新人だから遅い』と言われていますが、現場の作業には比較的類似性の高い単純作業の繰り返しが多いのです。一日100回類似作業を繰り返すのであれば、一週間では500回、一ヶ月では2000回以上の作業を繰り返す計算になります。習熟曲線における80%から90%は比較的短期間に習熟しますが、後の10%から20%を習熟するのに時間がかかります。技量により差が出る作業には調整作業を多く含む段取作業などがあります。そこで、調整のような技量依存型の作業は、誰がやってもできる単純作業に切り替えていくことが必要です。

作業ペースの第三の構成要素は本人の努力です。納期に追われているときのように意識して作業をしたときには、本人の努力によって、通常以上の作業ペースを発揮するものです。

以上のように、作業ペースは有効性、技量、努力の三つの構成要素の総乗積です。しかし、この三つの要素を支える共通要素は本人の意欲です。本人の意欲があれば素早い有効な動作が身につきますし、本人に覚えようとする意欲があればこそ技量も高まります。そして、努力は意欲そのもので、その意欲を引き出す管理者の役割が大きいことがわかります。

要点BOX

- ●作業の速さと動作は表裏一体（作業の有効性）
- ●技量のポイントは調整作業の教育（技量）
- ●意識によって変わる努力度（努力）

作業ペースの構成要素

有効性

速度と動作は表裏一体

↑

作業ペース

時間のばらつき大
作業ペースの変動幅大

↙ ↘

努力

意欲

技量

習熟曲線
調整作業に差
技能教育プログラム

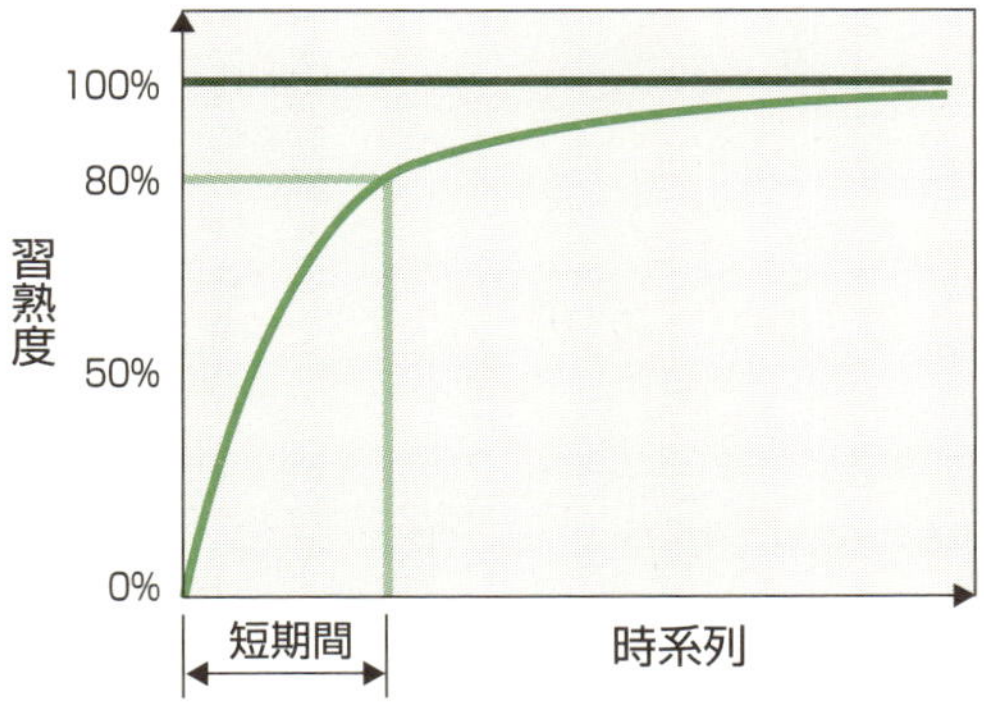

64 生産性向上は仕事のけじめから

作業能率向上は三つのステップで進める

　作業能率向上推進の過程は、図に示すようなステップで行われます。作業能率が低い状態のときは『仕事のけじめ』や『標準作業を意識して守ること』を重点的に推進します。つまり、始業終業時刻を守ることや、目で見てわかるロスの中からアクションの容易なものを、作業者に徹底していきます。次に作業ペースを標準の作業ペースで作業ができるような作業指導を強化していきます。作業ペースの大部分は作業者の努力によって向上し、作業意欲がその源です。最後に細かい動作指導や能率の低い人への指導を重点的に行います。作業能率向上の推進には作業者の作業意欲が不可欠であり、これを引き出すには管理者の監督指導力に大きく依存しています。

　作業者への指導は日報を正しく記入するようなやさしいことから始めるとよいでしょう。管理者は、作業者が日々記入する作業日報に誤記がないかのチェックを行い、誤記があった場合は作業者自身に訂正させるやり方です。これは数値の記入間違いはもちろんのこと、記入すべきところに記入されていないことのチェックも必要です。

　たとえば、製品の完成数と不良数を記入する欄があったとしましょう。完成数は記入されますが、不良数が0であった場合、〝無記入〟と〝0〟のケースが考えられます。この場合は〝0〟としっかり書くことを指導します。これは、管理者の指導力養成と、作業者へ時間と数値の大切さを植えつけることを目的としています。

　始業終業時刻のケジメをつけることなどもやさしいテーマです。こうした基本的な問題は、能率向上推進だからというのではなく、今までにも多くの人に言われながら、なかなか徹底できない問題なのです。管理者は、こうしたやさしいテーマを実践していくなかで、今後の能率向上推進に一歩一歩、着実な道を開いていくことになります。

要点BOX

- ●作業能率向上は管理者の指導監督指導力に大きく依存する
- ●作業者への教育の第一歩は日報記入の徹底から

作業能率向上のステップ

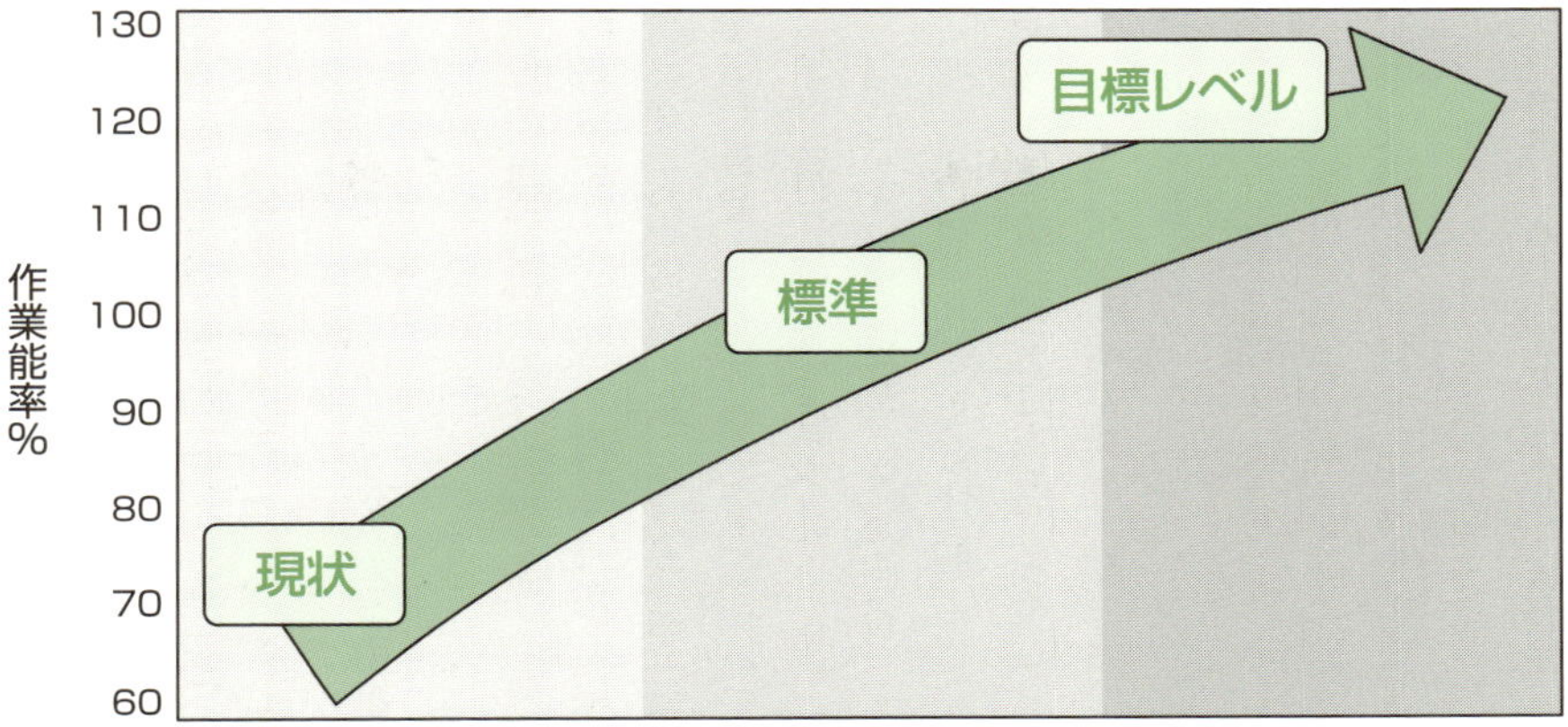

	第1ステップ 仕事のけじめ	第2ステップ 作業標準の遵守	第3ステップ 経済動作指導
能率意識高揚アクション	作業員への能率報告 個人面接指導 日々の能率明示	個人別の能率発表 係別のグラフ表示	表彰制度
具体的アクション	作業日報の記入徹底 除外報告の徹底 係長、作業員の役割区分 始業終業時刻徹底 応援派出 適材適所人員配置	標準配置人員の厳守 標準作業方法の厳守 目標時間、数量の明示 短サイクルチェック ラインスピードアップ ネック工程重点管理	低能率者の重点管理 技術指導 経済動作指導 作業手順、タイミング 無効動作排除 移動距離の短縮

作業日報記入の徹底

始業終業時刻の徹底

65 標準の遵守を徹底する

グラフで仕事の状態を見えるようにする

仕事のけじめが徹底してくると、次は標準の厳守です。作業者は決められた配員、決められた作業方法で、目標となる標準時間で作業を終えることが使命です。標準時間や時間当たりの標準出来高に実際との差異があった場合には、決められた配員に対する実際の配員チェック、作業ポイントが明記された標準作業手順書に従って作業が進められているかの個別管理を徹底していかなければなりません。

現場において、作業者が自分の仕事の状態、出来高を知らないで生産に携わっているケースは少なくありません。これには作業者自身が、標準時間に対してどのレベルで作業をしているかをグラフで見える化する工夫がほしいものです。

グラフは縦軸に能率、横軸に週単位のレンジをとり、週単位でのある製品群の能率の推移を表しています。グラフ作成と管理のポイントは次のようになります。

・グラフは大きくＡ０（模造紙）の大きさで作成し、全員の見える所へ貼ります。
・能率が上がった場合、下がった場合の理由を吹き出しでグラフに記入し、管理者が理由を把握することを徹底させます。
・工場長、製造部長へ各職場の巡回時には、頑張った作業者に対し激励の言葉をかけてもらい、会社全体でグラフへの関心を持たせます。
・週に一度の能率記入日には、作業者がワクワクするような仕掛けをします。
（一週間のデータ集計が週末・月曜日の午前中に行われるため、月曜日の午後の昼礼時に先週の能率データを発表しグラフへ結果を記入します）

管理者はいつも作業者の身になり生産性向上を考え、もし自分だったらどうされたらよいだろうかを、作業者へ指導することが必要です。作業者との〝きづな〟を大切にし、よい職場の雰囲気づくりが、生産性向上へと実を結んでいきます。

要点BOX

●標準と実際の差異をチェックする
●グラフを作成し仕事の見える化を徹底する
●よい職場づくりが生産性向上へ実を結ぶ

差異時間の徹底チェック

実際時間 80秒 － **標準時間 60秒** ＝ **差異時間 20秒**

↓

・実際配員
・設備の加工条件
・作業手順
などのチェック

生産性グラフ

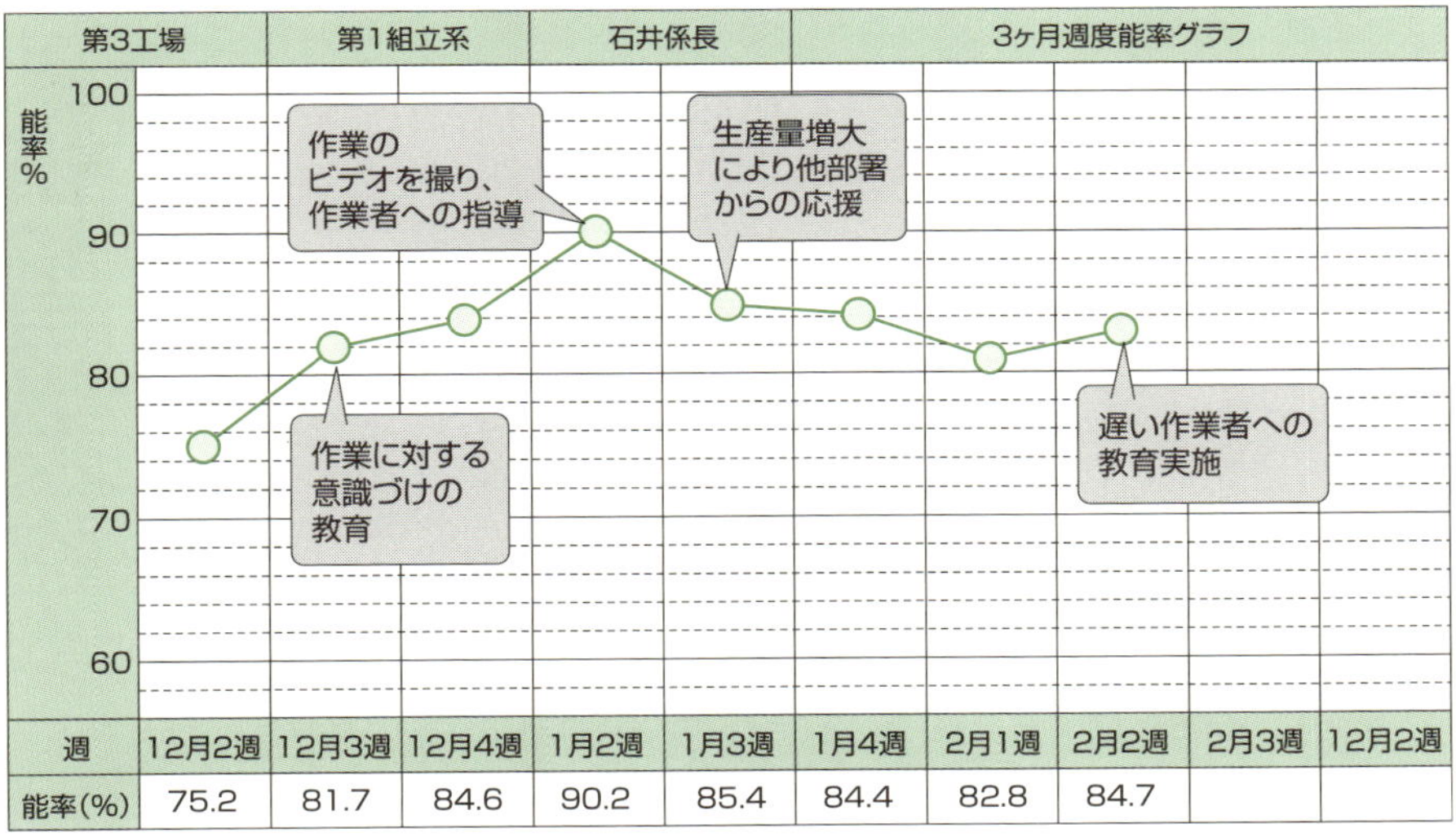

週	12月2週	12月3週	12月4週	1月2週	1月3週	1月4週	2月1週	2月2週	2月3週	12月2週
能率(%)	75.2	81.7	84.6	90.2	85.4	84.4	82.8	84.7		

66 作業指導監督業務を見直す

管理者として一日の時間の使い方を考える

円グラフは、ある4製造部門における現場の管理者（係長）の1ヶ月間の業務内容の調査結果です。調査は日々の業務を振り返り、どのような業務を行っているかを考えていくやり方です。作業監督指導は1回指導するのに何分ほどの時間で、日・週・月の間隔に何回くらい行っているかを積み上げてみます。その他の業務も同じように振り返り、ほぼ1ヶ月間の管理者のタイムカード工数に合わせて推定したものです。こうすることで管理者の業務内容は、日々の日報をとることなく十分全体を把握することができます。データの正確性より、何にウエイトがかかっているかを見極めることが重要です。

すべての製造部において間接作業の比率はトップで、第3製造部は5割を超え、他の3製造部も約4割に達しています。直接作業は第3製造部以外の管理者が行っていて、第4製造部においては1/3を占めています。本来の業務である作業指導監督については平均で全体の1/4にとどまっていて、最も多い第3製造部で1/3、少ない第4製造部で13%でした。このような状態では、生産性向上・品質向上・納期厳守はなかなか遂行することはできません。

生産性倍増、不良ゼロ、タイミングを重視した納期厳守を目指すならば、管理者の基本機能である作業指導監督業務に、全体の8～9割の時間を当てることが必要で、またこれを目指すには環境作りが必要です。4製造部で最も多い間接作業（事務・庶務を含む）については、部署内での間接作業の効率化を考え時間短縮をすべきであり、もし限界があれば間接業務を間接部門へ移管することが必要です。第3製造部以外の3部門で行っている直接作業については、指導する立場にある管理者の行う仕事ではなく、人員不足であれば要員を補充しなければなりません。こうして管理者は、常に作業指導監督業務に多くの時間を費やすという心構えが必要でしょう。

要点BOX

- 管理者の業務内容の実態を把握する
- 本来管理者としてやらねばならない業務を見直す
- 作業指導監督に8～9割の時間を当てる

管理者の業務内容の実態とあるべき姿

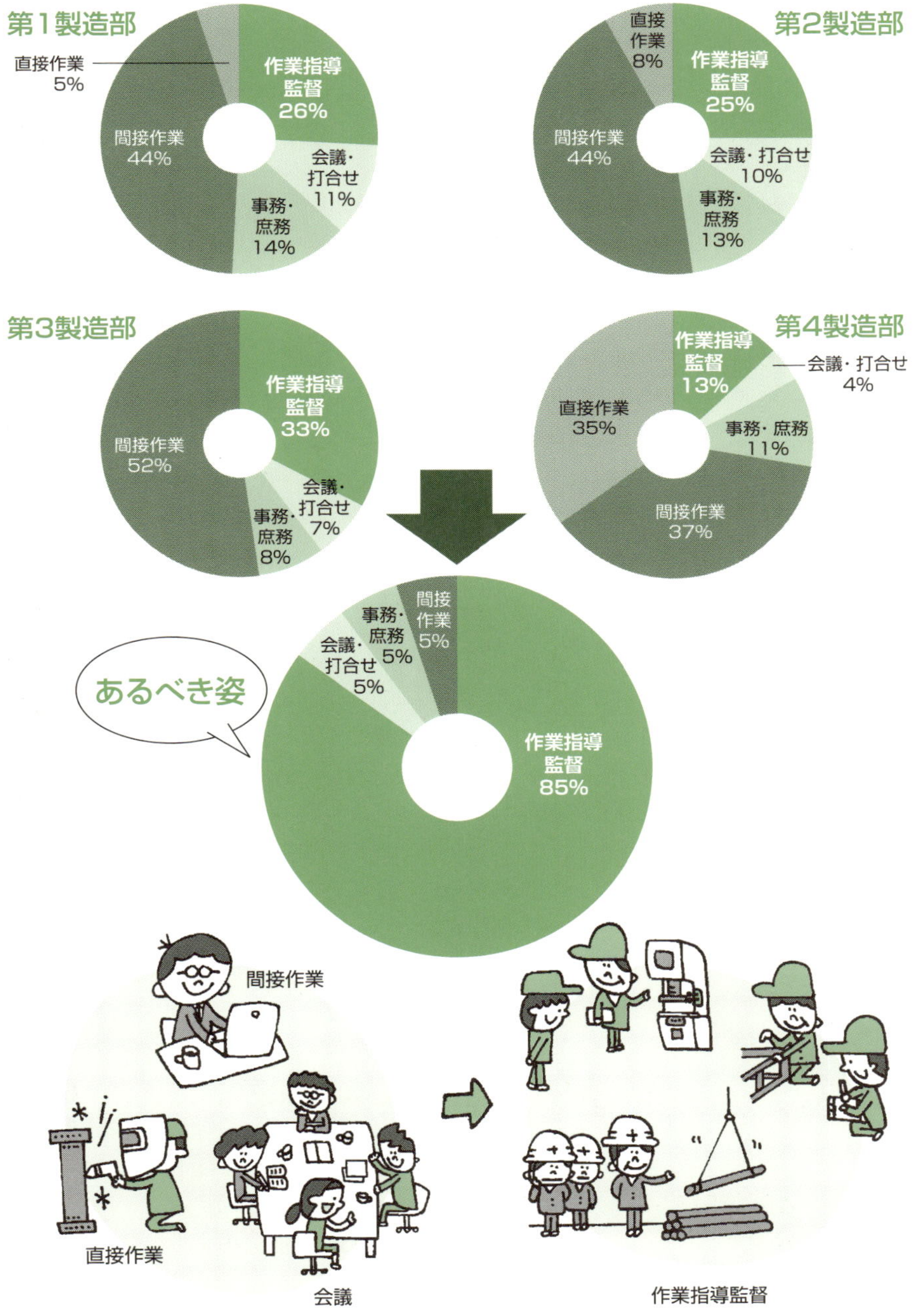

第1製造部
作業指導監督 26%
会議・打合せ 11%
事務・庶務 14%
間接作業 44%
直接作業 5%
第2製造部
直接作業 8%
作業指導監督 25%
会議・打合せ 10%
事務・庶務 13%
間接作業 44%
第3製造部
作業指導監督 33%
会議・打合せ 7%
事務・庶務 8%
間接作業 52%
第4製造部
作業指導監督 13%
会議・打合せ 4%
事務・庶務 11%
間接作業 37%
直接作業 35%
あるべき姿
間接作業 5%
事務・庶務 5%
会議・打合せ 5%
作業指導監督 85%
間接作業
直接作業
会議
作業指導監督

Column

作業指導監督のあり方とは

管理者の作業指導監督の内容には、具体的に以下の四つの項目があります。これら四項目を常に頭の中に入れて、原価管理を心掛けたいものである。

①監督者は常に職場にいて、作業者の指導・監督をしなければならない。

　現場では作業者は個人個人の判断で、たえず働き続けているため、監督者は僅かの時間でも作業者から目を離すことはできない。まして職場を離れることは、最小限にしなければならない。

②監督者は、自ら直接に、作業者の指導・監督をしなければならない。

　監督者は必ずしも熟練工とは限らないため、作業指導をリーダーに依頼することもある。そのときは作業指導を任せきりではなく、リーダーと一体になり間接的ではなく、作業者一人ひとりに自ら指導することが必要である。

③指導・監督は、個人別かつ具体的でなければならない。

　作業者一人ひとりの性格が違うように、作業能率も仕事へ取り組む姿勢も違う。作業能率は作業者の技量と努力で決まる。作業者へは原価低減や能率向上のような抽象的表現ではなく、取り組んでいる仕事の終わりの時間や作業のやり方の具体的指導をしなければならない。

④監督者は強くなければならない。

　作業者に対しての指導力を有効に発揮するには、監督者が権限的にも精神的にも強くなければならない。作業者が納得しその気にならなければ、たとえ命令や強制をしてもうまくいかないが、本来の職務を完全に遂行させるには監督者の指導力が不可欠であり、それは強い責任感と自信からこそ生まれる。

『パック高度生産性の秘密』（門田武治著）より

【参考文献】

『パック高度生産性の秘密』、門田武治、日本能率協会マネジメントセンター、１９７０年
『原価計算（六訂版）』、岡本清、国元書房、２０００年
『技術者のための見積原価計算』、橋本賢一・宮田武、日本能率協会マネジメントセンター、１９８８年
『よくわかる原価のしくみ』、橋本賢一、日本能率協会マネジメントセンター、１９９４年
『管理会計学大辞典』、日本管理会計学会編、中央経済社、２０００年
『１００円ショップ大図鑑』、ＰＨＰ研究所　２００５年
『ナットク現場改善シリーズ　よくわかる「ムダ」とりの本』、橋本賢一、日刊工業新聞社、２００８年
『社長！　経営が見えていますか』橋本賢一、日本経済新聞社、２００８年
『１００円ショップの会計学』、増田重行、祥伝社、２００８年
『見える化でわかる原価計算』、小川正樹、日刊工業新聞社、２０１０年
『見える化でわかる売り値と買い値』、橋本賢一・大塚泰雄　日刊工業新聞社　２０１０年
『見える化でわかるムダつぶしコストダウン』、田村孝文・大塚泰雄　日刊工業新聞社、２０１０年
『中小企業実態調査に基づく「経営・原価指標」』、平成24年発行、同友館

索引

今日からモノ知りシリーズ
トコトンやさしい
原価管理の本

NDC 336.85

2013年11月14日　初版1刷発行
2020年 3月27日　初版10刷発行

©著者　大塚泰雄
発行者　井水 治博
発行所　日刊工業新聞社
東京都中央区日本橋小網町14-1
(郵便番号103-8548)
電話　書籍編集部　03(5644)7490
販売・管理部　03(5644)7410
FAX　03(5644)7400
振替口座　00190-2-186076
URL　http://pub.nikkan.co.jp/
e-mail　info@media.nikkan.co.jp
印刷・製本　新日本印刷(株)

●DESIGN STAFF
AD――――――志岐滋行
表紙イラスト―――黒崎　玄
本文イラスト―――カワチ・レン
ブック・デザイン ――奥田陽子
(志岐デザイン事務所)

●
落丁・乱丁本はお取り替えいたします。
2013 Printed in Japan
ISBN　978-4-526-07160-7 C3034

●著者略歴
大塚泰雄（おおつか やすお）

大手工作機械メーカーに11年勤務。開発・設計、製造、営業技術などを経験し㈱MEマネジメントサービス常務取締役。マネジメントコンサルタント。中央大学アカウンティングスクール兼任講師。

主に企業では、設計・生産技術・購買・製造部門の原価管理システムの立案・構築・実施やVE、IE、購買査定テーブルを活用した、総合的コストダウンを展開し、企業の業績を改革するコンサルティング業務が活動の中心である。その他、公開セミナー、社内教育などの活動も行う。

●主な著書
『技術者のための原価企画』(共著)
『理想原価への挑戦』(共著)
以上、日本能率協会マネジメントセンター
『実践原価企画』(共著)税務経理協会
『よくわかる金型の原価管理とコストダウン』
『見える化でわかる売り値と買い値』(共著)
『見える化でわかるムダつぶしコストダウン』(共著)
以上、日刊工業新聞社

連絡先
〒143-0024　東京都大田区中央6-29-2
TEL (03)3755-5437　FAX (03)3755-8366
E-mail : ohtsuka@mejapan.com
http://www.mejapan.com